1+X 职业技能鉴定考核指导手册

创业能力

专项职业能力

编审委员会

主　　任　仇朝东

委　　员　葛恒双　顾卫东　宋志宏　杨武星　孙兴旺
　　　　　刘汉成　葛　玮

执行委员　孙兴旺　张鸿樑　李　晔　瞿伟洁

中国劳动社会保障出版社

图书在版编目(CIP)数据

创业能力：专项职业能力／人力资源和社会保障部教材办公室等组织编写．—北京：中国劳动社会保障出版社，2014

(1+X职业技能鉴定考核指导手册)

ISBN 978-7-5167-1306-8

Ⅰ.①创… Ⅱ.①人… Ⅲ.①企业管理-职业技能-鉴定-自学参考资料 Ⅳ.①F270

中国版本图书馆CIP数据核字(2014)第168703号

中国劳动社会保障出版社出版发行

(北京市惠新东街1号 邮政编码：100029)

出 版 人：张梦欣

*

三河市华骏印务包装有限公司印刷装订 新华书店经销

787毫米×960毫米 16开本 7.5印张 122千字

2014年7月第1版 2017年3月第5次印刷

定价：17.00元

读者服务部电话：(010) 64929211/64921644/84626437

营销部电话：(010) 64961894

出版社网址：http://www.class.com.cn

前　言

职业资格证书制度的推行，对广大劳动者系统地学习相关职业的知识和技能，提高就业能力、工作能力和职业转换能力有着重要的作用和意义，也为企业合理用工以及劳动者自主择业提供了依据。

随着我国科技进步、产业结构调整以及市场经济的不断发展，特别是加入世界贸易组织以后，各种新兴职业不断涌现，传统职业的知识和技术也越来越多地融进当代新知识、新技术、新工艺的内容。为适应新形势的发展，优化劳动力素质，上海市人力资源和社会保障局在提升职业标准、完善技能鉴定方面做了积极的探索和尝试，推出了1+X培训鉴定模式。1+X中的1代表国家职业标准，X是为适应经济发展的需要，对职业的部分知识和技能要求进行的扩充和更新。

上海市1+X的培训鉴定模式，得到了国家人力资源和社会保障部的肯定。为配合1+X培训与鉴定考核的需要，使广大职业培训鉴定领域专家以及参加职业培训鉴定的考生对考核内容和具体考核要求有一个全面的了解，人力资源和社会保障部教材办公室、中国就业培训技术指导中心上海分中心、上海市职业技能鉴定中心联合组织有关方面的专家、技术人员共同编写了《1+X职业技能鉴定考核指导手册》。该手册一般由“理论知识复习题”“操作技能复习题”和“理论知识模拟试卷及操作技能模拟试卷”三大块内容组成，书中介绍了题库的命题依据、试卷结构和题型题量，同时从上海市1+X鉴定题库中抽取部分理论知识题、操作技能试题和模拟样卷供考生参考和练习，便于考生能够有针对性地进行考前复习准备。今后我们会随着国家职业标准以及鉴定题库的提升，逐步对手册内容进行补充和完善。

本系列手册在编写过程中，得到了有关专家和技术人员的大力支持，在此一并表示感谢。

由于时间仓促，缺乏经验，如有不足之处，恳请各使用单位和个人提出宝贵意见和建议。

1+X职业技能鉴定考核指导手册

编审委员会

目　录

CONTENTS　1+X 职业技能鉴定考核指导手册

创业能力（专项职业能力）职业简介

一、专项职业能力名称

创业能力。

二、专项职业能力定义

以市场为主体，运用项目选择方法与创业实践，设计企业盈利模式，成功实现自主创办企业的能力。

三、主要工作内容

从事的工作主要包括：创业与计划、环境与分析、市场与顾客、目标与定位、财务与规划、风险与管理、公关与礼仪、团队与机制、危机与处置、文体与写作、政策与法规等方面的工作。

第1部分

创业能力（专项职业能力）鉴定方案

一、鉴定方式

创业能力（专项职业能力）鉴定方式采用机考、仿真的方式进行。考核实行百分制，总成绩达60分及以上者为合格。

二、考核方案

专项职业能力考核项目表

专项职业能力名称		创业能力		职业领域	职业指导	
序号	考 核 项 目		考核方式	选考方法	考核时间（min）	配分（分）
0	理论知识		机考	必考	90	100
1	创业实训过程考核		仿真	必考	—	100
备注	总成绩＝理论知识×40%＋创业实训过程考核×60%					

理论知识考试方案（考试时间：90 min）

题库参数 题型	考试方式	考试题量	配分（分）
判断题	闭卷 机考	100	50
单项选择题		100	50
合　　计		200	100

创业实训过程考核方案

创业实训过程考核采用金马兰创业实训远程平台和金马兰创业实训商战系统进行考核。

序号	考核项目	考核要求及说明	配分（分）
1	模拟公司（实岗演练、项目路演）	根据学员所在模拟公司的考核结果	30
2	个人实训表现	根据实训过程中的出勤考核要求及学员实训过程中的表现评价	30
3	平台任务执行	实训平台学习进度完成率	40
合　计			100

第 2 部分

鉴定要素细目表

职业（工种）名称					创业能力	等级	专项职业能力
职业代码							
序号	鉴定点代码				鉴定点内容		备注
	章	节	目	点			
	1				**创业与计划**		
	1	1			创业		
	1	1	1		创业的本质		
1	1	1	1	1	创业精神		
2	1	1	1	2	创业者		
3	1	1	1	3	创业行为		
	1	1	2		影响创业成功的因素		
4	1	1	2	1	主观因素		
5	1	1	2	2	客观因素		
	1	2			计划		
	1	2	1		目标选择		
6	1	2	1	1	创业目标		
7	1	2	1	2	选择的基本要素		
	1	2	2		计划分析		
8	1	2	2	1	计划的内容		
9	1	2	2	2	分析的方法		

续表

职业（工种）名称					创业能力	等级	专项职业能力
职业代码							
序号	鉴定点代码				鉴定点内容		备注
	章	节	目	点			
	1	2	3		行动方案		
10	1	2	3	1	行动路径		
11	1	2	3	2	行动规划		
12	1	2	3	3	实施方案		
	2				**环境与分析**		
	2	1			环境扫描		
	2	1	1		内部环境		
13	2	1	1	1	基本素质		
14	2	1	1	2	资源		
15	2	1	1	3	业务关系与产品		
16	2	1	1	4	使命与观念		
	2	1	2		外部环境		
17	2	1	2	1	人文趋势		
18	2	1	2	2	经济趋势		
19	2	1	2	3	技术趋势		
20	2	1	2	4	政治法律趋势		
21	2	1	2	5	社会文化趋势		
	2	2			分析技术		
	2	2	1		竞争分析		
22	2	2	1	1	竞争者		
23	2	2	1	2	竞争力		
24	2	2	1	3	差异化		
	2	2	2		SWOT 分析		
25	2	2	2	1	优势		
26	2	2	2	2	劣势		
27	2	2	2	3	机遇		

续表

职业（工种）名称					创业能力	等级	专项职业能力
职业代码							
序号	鉴定点代码				鉴定点内容		备注
	章	节	目	点			
28	2	2	2	4	威胁		
	3				**市场与顾客**		
	3	1			市场营销信息系统		
	3	1	1		市场信息		
29	3	1	1	1	市场信息概述		
30	3	1	1	2	市场信息的特征		
	3	1	2		企业营销信息系统		
31	3	1	2	1	内部报告系统		
32	3	1	2	2	营销情报系统		
33	3	1	2	3	营销调研系统		
34	3	1	2	4	营销分析系统		
	3	2			市场营销调研		
	3	2	1		市场营销调研概述		
35	3	2	1	1	市场营销调研的内容		
36	3	2	1	2	市场营销调研的类型		
	3	2	2		市场营销调研的程序		
37	3	2	2	1	市场营销调研的步骤		
38	3	2	2	2	市场营销调研的方法		
	3	3			市场营销预测		
	3	3	1		营销预测		
39	3	3	1	1	市场需求潜量的预测		
40	3	3	1	2	企业销售的预测		
41	3	3	1	3	市场占有量的预测		
42	3	3	1	4	企业所需资源的预测		
	3	3	2		营销预测的类型		
43	3	3	2	1	总体预测和具体预测		

续表

职业（工种）名称					创业能力	等级	专项职业能力
职业代码							
序号	鉴定点代码				鉴定点内容		备注
	章	节	目	点			
44	3	3	2	2	长期、中期、短期和近期预测		
45	3	3	2	3	定性预测和定量预测		
	3	3	3		市场营销预测的程序		
46	3	3	3	1	确定预测目标		
47	3	3	3	2	选择预测方法		
48	3	3	3	3	收集市场资料		
49	3	3	3	4	进行预测		
50	3	3	3	5	预测结果评价		
51	3	3	3	6	预测结果报告		
	3	3	4		市场营销预测的方法		
52	3	3	4	1	定性预测法		
53	3	3	4	2	定量预测法		
	3	4			顾客行为分析		
	3	4	1		产业市场分析		
54	3	4	1	1	产业市场的特征		
55	3	4	1	2	产业市场购买的影响因素		
56	3	4	1	3	产业市场购买决策		
	3	4	2		政府市场		
57	3	4	2	1	政府采购概述		
58	3	4	2	2	政府采购的程序和影响因素		
	3	4	3		消费者购买行为		
59	3	4	3	1	消费者购买的特征		
60	3	4	3	2	消费品购买的影响因素		
61	3	4	3	3	消费品购买决策		
	4				**目标与定位**		
	4	1			市场细分		

续表

职业（工种）名称					创业能力	等级	专项职业能力
职业代码							
序号	鉴定点代码				鉴定点内容		备注
	章	节	目	点			
	4	1	1		市场细分的原则		
62	4	1	1	1	可衡量性		
63	4	1	1	2	可进入性		
64	4	1	1	3	有效性		
65	4	1	1	4	差异性		
	4	1	2		消费者市场细分依据		
66	4	1	2	1	地理变量		
67	4	1	2	2	人口变量		
68	4	1	2	3	心理变量		
69	4	1	2	4	行为变量		
	4	1	3		生产者市场细分的依据		
70	4	1	3	1	用户规模		
71	4	1	3	2	产品的最终用途		
72	4	1	3	3	工业者购买状况		
	4	2			目标市场的选择		
	4	2	1		细分市场评估		
73	4	2	1	1	有一定的规模和发展潜力		
74	4	2	1	2	竞争者未完全控制		
75	4	2	1	3	符合企业目标和能力		
	4	2	2		目标市场策略		
76	4	2	2	1	无差异市场策略		
77	4	2	2	2	差异性市场策略		
78	4	2	2	3	集中性市场策略		
	4	2	3		影响目标市场策略选择的因素		
79	4	2	3	1	企业资源或实力		
80	4	2	3	2	产品的同质性		

续表

职业（工种）名称					创业能力	等级	专项
职业代码							职业能力
序号	鉴定点代码				鉴定点内容		备注
	章	节	目	点			
81	4	2	3	3	市场同质性		
82	4	2	3	4	产品所处生命周期的不同阶段		
83	4	2	3	5	竞争者的市场营销状况		
	4	3			市场定位		
	4	3	1		市场定位三要素		
84	4	3	1	1	确立产品的特色		
85	4	3	1	2	树立市场形象		
86	4	3	1	3	巩固市场形象		
	4	3	2		市场定位四原则		
87	4	3	2	1	根据具体的产品特点定位		
88	4	3	2	2	根据特定的使用场合及用途定位		
89	4	3	2	3	根据顾客得到的利益定位		
90	4	3	2	4	根据使用者类型定位		
	4	3	3		市场定位的类型		
91	4	3	3	1	避强定位		
92	4	3	3	2	迎头定位		
93	4	3	3	3	重新定位		
	4	3	4		市场定位中的产品定位		
94	4	3	4	1	质量定位		
95	4	3	4	2	功能定位		
96	4	3	4	3	价格定位		
	5				**财务与规划**		
	5	1			财务基础		
	5	1	1		会计核算基础		
97	5	1	1	1	会计核算目标		
98	5	1	1	2	会计核算对象与会计要素		

续表

职业（工种）名称					创业能力	等级	专项职业能力
职业代码							
序号	鉴定点代码				鉴定点内容		备注
	章	节	目	点			
99	5	1	1	3	会计核算方法		
	5	1	2		借贷复式记账法及其运用		
100	5	1	2	1	借贷复式记账法		
101	5	1	2	2	借贷复式记账法运用		
	5	1	3		会计报表编制		
102	5	1	3	1	资产负债表的编制		
103	5	1	3	2	利润表的编制		
	5	1	4		会计报表解读		
104	5	1	4	1	企业会计报表整体质量阅读——审计报告		
105	5	1	4	2	资产负债表解读		
106	5	1	4	3	利润表解读		
	5	2			财务规划		
	5	2	1		本量利分析		
107	5	2	1	1	成本按性态分类		
108	5	2	1	2	本量利模型		
	5	2	2		利润规划		
109	5	2	2	1	保本点的确定		
110	5	2	2	2	目标利润规划		
	6				**风险与管理**		
	6	1			创业风险		
	6	1	1		风险概述		
111	6	1	1	1	风险概述		
	6	1	2		创业风险的来源		
112	6	1	2	1	融资缺口		
113	6	1	2	2	研究缺口		
114	6	1	2	3	信息和信任缺口		

续表

职业（工种）名称					创业能力	等级	专项职业能力
职业代码							
序号	鉴定点代码				鉴定点内容		备注
	章	节	目	点			
115	6	1	2	4	资源缺口		
116	6	1	2	5	管理缺口		
	6	1	3		创业风险的特征		
117	6	1	3	1	客观存在性		
118	6	1	3	2	不确定性		
119	6	1	3	3	损益双重性		
120	6	1	3	4	相关性		
121	6	1	3	5	可变性		
122	6	1	3	6	可测性与测不准性		
	6	2			创业风险的分类及类型		
	6	2	1		创业风险的分类		
123	6	2	1	1	按风险来源的主客观性划分		
124	6	2	1	2	按创业风险的内容划分		
125	6	2	1	3	按风险对所投入资金（即创业投资）的影响程度划分		
126	6	2	1	4	按创业过程划分		
127	6	2	1	5	按创业与市场和技术的关系划分		
128	6	2	1	6	按创业中技术因素、市场因素与管理因素的关系划分		
	6	2	2		主要的创业风险类型		
129	6	2	2	1	创业技术风险		
130	6	2	2	2	创业市场风险		
131	6	2	2	3	创业管理风险		
132	6	2	2	4	创业财务风险		
133	6	2	2	5	成长风险		
134	6	2	2	6	创业环境风险		
135	6	2	2	7	其他创业风险		
	6	3			创业风险的管理		

续表

职业（工种）名称					创业能力	等级	专项职业能力
职业代码							
序号	鉴定点代码				鉴定点内容		备注
	章	节	目	点			
	6	3	1		风险管理的意义		
136	6	3	1	1	减轻企业的财务负担		
137	6	3	1	2	获取有利的竞争地位		
138	6	3	1	3	有利于企业管理向规范化方向发展		
139	6	3	1	4	有利于创业者综合素质的提高		
	6	3	2		创业企业风险管理流程		
140	6	3	2	1	清楚内部环境		
141	6	3	2	2	设定目标体系		
142	6	3	2	3	识别风险事项		
143	6	3	2	4	进行风险评估		
144	6	3	2	5	提出应对方案		
145	6	3	2	6	控制活动		
146	6	3	2	7	重复		
147	6	3	2	8	监督		
	6	3	3		创业企业的基本风险防范管理方法		
148	6	3	3	1	常用的风险处理方式		
149	6	3	3	2	基本风险防范管理方法		
	7				**公关与礼仪**		
	7	1			公共关系		
	7	1	1		公共关系概述		
150	7	1	1	1	公共关系的定义		
151	7	1	1	2	公共关系的要素		
152	7	1	1	3	公共关系的特征		
	7	1	2		公共关系的服务内容		
153	7	1	2	1	服务项目		
154	7	1	2	2	媒体公关		

续表

职业（工种）名称					创业能力	等级	专项职业能力
职业代码							
序号	鉴定点代码				鉴定点内容		备注
	章	节	目	点			
	7	2			商务公关礼仪		
	7	2	1		商务公关礼仪的基本要素		
155	7	2	1	1	公关礼貌		
156	7	2	1	2	公关礼节		
157	7	2	1	3	公关仪式或仪典		
	7	2	2		商务公共礼仪的基本原则		
158	7	2	2	1	平等原则		
159	7	2	2	2	尊重原则		
160	7	2	2	3	诚信原则		
161	7	2	2	4	宽容原则		
162	7	2	2	5	形象原则		
163	7	2	2	6	沟通原则		
164	7	2	2	7	适度原则		
	7	3			会面与交谈礼仪		
	7	3	1		会面的基本礼仪		
165	7	3	1	1	握手		
166	7	3	1	2	自我介绍		
167	7	3	1	3	介绍他人		
168	7	3	1	4	名片交换		
169	7	3	1	5	礼品赠送技巧		
	7	3	2		交谈礼仪		
170	7	3	2	1	语言、语音、语速、语调的礼仪		
171	7	3	2	2	挑选话题的礼仪		
172	7	3	2	3	聆听的礼仪		
173	7	3	2	4	交谈的禁忌		
	7	4			会议与仪典礼仪		

续表

职业（工种）名称					创业能力	等级	专项
职业代码							职业能力
序号	鉴定点代码				鉴定点内容		备注
	章	节	目	点			
	7	4	1		会议礼仪		
174	7	4	1	1	参加会议的礼仪常识		
175	7	4	1	2	会议的准备工作		
176	7	4	1	3	会议礼仪程序		
177	7	4	1	4	展览会礼仪和座谈会礼仪		
178	7	4	1	5	应对媒体的礼仪		
	7	4	2		仪典礼仪		
179	7	4	2	1	公关仪典的原则		
180	7	4	2	2	开业典礼的内容		
181	7	4	2	3	剪彩仪式		
182	7	4	2	4	礼宾与接待的规格		
	7	5			日常公关礼仪		
	7	5	1		迎送接待礼仪		
183	7	5	1	1	拜访礼仪和参观礼仪		
184	7	5	1	?	公文电函礼仪		
	7	5	2		谈判礼仪		
185	7	5	2	1	谈判礼仪的原则		
186	7	5	2	2	谈判礼仪的技巧		
	7	5	3		就餐与宴会礼仪		
187	7	5	3	1	就餐与宴会礼仪的艺术		
188	7	5	3	2	常见宴请形式及其特点		
189	7	5	3	3	餐厅礼仪注意事项		
	7	6			个人形象礼仪		
	7	6	1		个人形象礼仪		
190	7	6	1	1	个人形象与公关礼仪		
191	7	6	1	2	仪容装扮礼仪		

续表

职业（工种）名称					创业能力	等级	专项
职业代码							职业能力
序号	鉴定点代码				鉴定点内容		备注
	章	节	目	点			
192	7	6	1	3	服装饰品礼仪		
	8				**团队与机制**		
	8	1			创业团队		
	8	1	1		创业团队的概述		
193	8	1	1	1	创业团队的组建原则		
194	8	1	1	2	创业团队的构成要素		
195	8	1	1	3	创业团队的组建程序		
	8	1	2		创业团队的类型		
196	8	1	2	1	星状创业团队（Star Team）		
197	8	1	2	2	网状创业团队（Nesh Team）		
198	8	1	2	3	虚拟星状创业团队（Virtual Star Team）		
	8	1	3		创业团队结构		
199	8	1	3	1	角色结构		
200	8	1	3	2	技能结构		
201	8	1	3	3	权力结构		
	8	1	4		创业团队的绩效考核		
202	8	1	4	1	创业团队的绩效考核		
	8	2			创业团队的建立机制		
	8	2	1		创业团队的演化过程及分类		
203	8	2	1	1	创业团队成员构建的基本要素		
204	8	2	1	2	创业团队的构建机制		
	8	2	2		创业团队的生命周期		
205	8	2	2	1	组建期（Forming）		
206	8	2	2	2	成长期（Growing）		
207	8	2	2	3	成熟期（Norming）		
208	8	2	2	4	衰退期（Decline）		

续表

职业（工种）名称					创业能力	等级	专项职业能力
职业代码							
序号	鉴定点代码				鉴定点内容		备注
	章	节	目	点			
209	8	2	2	5	蜕变期（Adjourning）		
	8	3			创业团队的管理		
	8	3	1		创业团队的管理机制		
210	8	3	1	1	领导者与领导理论		
211	8	3	1	2	领导与授权		
212	8	3	1	3	领导创业团队		
	8	3	2		创业团队行为评估		
213	8	3	2	1	团队的测评方法		
214	8	3	2	2	团队决策		
215	8	3	2	3	团队的无效		
216	8	3	2	4	团队成功的因素		
	8	3	3		团队文化与创新型团队建设		
217	8	3	3	1	团队文化		
218	8	3	3	2	组建创新型团队		
	9				**危机与处置**		
	9	1			创业者自身危机及处置		
	9	1	1		创业者自身危机		
219	9	1	1	1	定义		
220	9	1	1	2	创业者自身危机的来源		
	9	1	2		危机处置办法		
221	9	1	2	1	个体身心调适机制与压力应对		
222	9	1	2	2	适应竞争，驾驭竞争		
223	9	1	2	3	构建良好人际关系，营造宽松和谐的工作氛围		
224	9	1	2	4	形成良好的工作习惯模式		
225	9	1	2	5	化解工作－家庭冲突压力		
	9	2			企业危机及其处置		

续表

职业（工种）名称					创业能力	等级	专项职业能力
职业代码							
序号	鉴定点代码				鉴定点内容		备注
	章	节	目	点			
	9	2	1		企业危机概述		
226	9	2	1	1	危机的含义		
227	9	2	1	2	企业危机的类型		
	9	2	2		企业危机的处置		
228	9	2	2	1	企业危机处置的含义		
229	9	2	2	2	企业危机的预防		
230	9	2	2	3	企业危机的处理		
	9	2	3		危机管理在现代企业管理中的应用		
231	9	2	3	1	失败的危机管理		
232	9	2	3	2	成功的危机管理		
	10				**文体与写作**		
	10	1			创业计划书概述		
	10	1	1		创业计划书的定义		
233	10	1	1	1	创业计划书的定义		
	10	1	2		创业计划书的读者		
234	10	1	2	1	创业计划书的读者		
	10	1	3		创业计划书的作用与价值		
235	10	1	3	1	对创业者的作用		
236	10	1	3	2	对投资者的作用		
	10	2			创业计划书的撰写		
	10	2	1		创业计划书的基本格式		
237	10	2	1	1	封面		
238	10	2	1	2	保密要求		
239	10	2	1	3	目录		
240	10	2	1	4	正文		
241	10	2	1	5	附录		

续表

职业（工种）名称					创业能力	等级	专项职业能力
职业代码							
序号	鉴定点代码				鉴定点内容		备注
	章	节	目	点			
	10	2	2		创业计划书的内容		
242	10	2	2	1	执行总结		
243	10	2	2	2	项目背景		
244	10	2	2	3	市场调查和分析		
245	10	2	2	4	企业战略		
246	10	2	2	5	营销策略		
247	10	2	2	6	经营管理		
248	10	2	2	7	管理团队		
249	10	2	2	8	融资与资金运营计划		
250	10	2	2	9	财务分析与预测		
251	10	2	2	10	风险分析		
	10	2	3		创业计划书撰写的注意事项和原则		
252	10	2	3	1	不同投资者的关注重点		
253	10	2	3	2	投资者不欢迎的创业计划书		
254	10	2	3	3	创业计划书撰写原则		
	11				**政策与法规**		
	11	1			政府政策		
	11	1	1		微小企业		
255	11	1	1	1	中小企业划型标准		
256	11	1	1	2	微小型企业的选择		
	11	1	2		支持微小企业健康发展		
257	11	1	2	1	微小企业的财税支持		
258	11	1	2	2	微小企业融资		
259	11	1	2	3	微小企业的公共服务		
	11	2			法律法规		
	11	2	1		有限责任公司		

续表

职业（工种）名称					创业能力	等级	专项职业能力
职业代码							
序号	鉴定点代码				鉴定点内容		备注
	章	节	目	点			
260	11	2	1	1	有限责任公司设立条件		
261	11	2	1	2	有限责任公司设立程序		
	11	2	2		合伙企业		
262	11	2	2	1	合伙企业的法律特征		
263	11	2	2	2	合伙企业设立条件		
264	11	2	2	3	合伙企业设立程序		
	11	3			扶持政策		
	11	3	1		地方扶持政策		
265	11	3	1	1	上海市支持和促进就业有关税收优惠政策具体实施意见		
266	11	3	1	2	上海市关于鼓励创业促进就业的若干意见		
	11	3	2		地方优惠政策		
267	11	3	2	1	上海市政府鼓励大学生创业优惠政策		
268	11	3	2	2	上海市扶持创业优惠政策——创业场地房租补贴		
269	11	3	2	3	上海市扶持创业优惠政策——小额贷款担保		
270	11	3	2	4	上海市扶持创业优惠政策——社会保险费补贴		

第 3 部分

理论知识复习题

创业与计划

一、判断题（将判断结果填入括号中。正确的填“√”，错误的填“×”）

1. 综观所有成功的创业者和领袖们，成功的方法各有不同，他们所拥有的思想观念和精神境界也各不相同。（　　）

2. 综观所有成功的创业者和领袖们，成功的方法各有不同，但他们所拥有的思想观念和精神境界却基本相同。（　　）

3. 创业者是创业精神的承载者，创业精神是在各类社会中刺激经济增长和创造就业机会的一个必要因素。（　　）

4. 人的意志可以发挥无限力量，可以把梦想变为现实。（　　）

5. 企业成功离不开团队力量，更多层面上取决于团队合作。（　　）

6. 创业环境是指那些与创业活动相关联的因素的集合，包括宏观环境、行业环境和微观环境。（　　）

7. 一般而言，在创业企业发展的早期阶段，主要以私人权益资本和二板上市融资两种形式为主。（　　）

8. 创业目标是指创业者在创业过程中努力争取达到的预期结果。（　　）

9. 创业目标的内容一般包括三个层次：其一是选择创业的方向，也就是要确定创业准备怎么干。（　　）

10. 创业就是要使自己的事业不断发展壮大，一个成功的创业者所选择的创业行业应该是成长性比较高的行业。（　　）

11. 创业就是要使自己的事业不断发展壮大，一个成功的创业者所选择的创业行业应该是从业者较多的行业。（　　）

12. 创业计划一般不要求对创办事业的名称、事业组织形态、创业的项目或主要产品名称等作出明确的描述。（　　）

13. 创业计划一般要求对创办事业的名称、事业组织型态、创业的项目或主要产品名称等作出明确的描述，这是创业计划中最基本的内容。（　　）

14. 通常创业计划是市场、营销、财务、生产、人力资源等因素的罗列，不需要做深入分析和综合。（　　）

15. 通常创业计划是市场、营销、财务、生产、人力资源等职能计划的综合。（　　）

16. 创业行动规划就是创业行动的计划路径，只是对创业的单纯的表格化的反馈。（　　）

17. 实施方案是指在计划路径与规划基础上，在自我评估的前提下，对计划方案进行时间、阶段目标与风险管理结合，形成一次行动。（　　）

18. 实施方案是指在计划路径与规划基础上，在自我评估的前提下，对计划方案进行时间、阶段目标与风险管理结合，形成一个行动计划表。（　　）

二、单项选择题（选择一个正确的答案，将相应的字母填入题内的括号中）

1. 下列属于创业精神主题的是（　　）。

A. 对机会的追求　　B. 创新

C. 增长　　D. 以上各项都正确

2. 在发展中国家，（　　）是创造就业机会、增加收入和减少贫困的主要动力。

A. 国有企业　　B. 外资企业

C. 三资企业　　D. 成功的小企业

3. 下列属于创业行为的是（　　）。

A. 科学实验　　B. 理论研究

C. 产品服务革新　　D. 读书看报

4．对创业者来说，（　　）就是创业的动力。

A．信心　　B．学历　　C．社交能力　　D．眼光

5．创业企业的资金来源主要途径是（　　）。

A．私人权益资本　　B．创业资本融资

C．二板上市融资　　D．以上各项都正确

6．根据创业过程与企业发展规划，一个好的创业计划的基本框架包括10个方面，不包括（　　）。

A．事业描述　　B．目标市场的确定

C．管理设想　　D．采购分析

7．根据创业计划内容与表达方式分析，其11个方面可以分为三大模块来论述：第一大模块是对事业本体描述，就是事业的主要内容，包括（　　）等方面。

A．项目选择、制造计划　　B．组织结构

C．营销策略、风险管理　　D．以上各项都正确

8．创业计划书应该备有（　　），以便投资者可以较容易地查阅各个章节。

A．索引和目录　　B．市场调研　　C．制定创业计划　　D．参与人员

9．在创业行动规划的一般流程中，与竞争力居于同一层次上的是（　　）。

A．选址策略与市场策略　　B．选址策略与团队组织

C．市场策略与发展计划　　D．竞争力分析与市场分析

10．实施方案是指在计划路径与规划基础上，对计划方案进行时间、阶段目标与风险管理结合，形成一个行动计划表，其前提是（　　）。

A．自我评估　　B．创业计划方案的统筹规划

C．对计划和行动的阶段划分　　D．对计划方案中潜在风险的预设与规避

环境与分析

一、判断题（将判断结果填入括号中。正确的填“√”，错误的填“×”）

1．创业成功与否，关键在于产品或服务的稀缺度而不在于创业者的素质。（　　）

2. 创业的成功与否，除了市场对商品的需求度以外，很大程度上取决于创业者的创业素质。（　）

3. 创业是对自身潜能的发掘，不需要外在的资源环境支持，而是应该自己想办法。（　）

4. 创业需要环境资源支持，这些资源可能来自社会，也可能来自家庭。（　）

5. 业务关系与产品的选择相连，但充分利用业务关系建立起自己的产品结构会导致产品对环境因素依赖过大，一般创业者不会选择这种模式。（　）

6. 业务关系与产品的选择相连，充分利用环境因素，对创业的成功与否有重要作用。（　）

7. 根据大学生创业环境调查结论，可以看出在影响创业成功的因素方面，观点基本一致。“资金”“人脉关系”“市场环境”和“社会阅历”，被认为是影响创业最主要的客观因素。（　）

8. 分析经济形势是国家政府层面上的工作，对于企业和社会普通公众而言，掌握正确的方法远比了解结果更为重要。（　）

9. 技术趋势分析的重要意义在于把本企业同竞争对手的优劣势做对比分析，以采取较好的竞争策略。（　）

10. 技术趋势分析的重要意义在于把本企业同竞争对手的优劣势做对比分析，以采取较好的合作策略。（　）

11. 法律环境是决定创业者未来经营的一个非重要环节。（　）

12. 完善的法律体系是保障创业成功与可持续发展的必要前提。（　）

13. 只有把握好社会文化变化趋势，才能实现企业与社会的同步发展。（　）

14. 文化趋势与产品的选择和市场定位并非紧密相关。（　）

15. 企业参与市场竞争，要了解谁是自己的顾客，不一定要弄清谁是自己的竞争对手。（　）

16. 企业参与市场竞争，不仅要了解谁是自己的顾客，而且还要弄清谁是自己的竞争对手。（　）

17. 创业的成功与否，无论是项目选择与市场定位做得怎么样，还是长久来看企业的发

展，归根结底都取决于竞争力和如何将竞争力转化为竞争优势并进一步转化为成功。（　　）

18．创业的成功与否，无论是项目选择与市场定位做得怎么样，还是长久来看企业的发展，归根结底都取决于竞争与合作关系的处理。（　　）

19．差异化是企业针对顾客广泛重视的某些方面，在创业过程中，做到独树一帜。（　　）

20．差异化是企业针对顾客广泛重视的某些方面，在创业过程中，做到尽量缩小差距。（　　）

21．创业设计的前提是：知道自身优势是什么，并将自己的生活、工作和事业发展都建立在这个优势之上。（　　）

22．机遇分析则指的是创业者自身为自己提供了活动的空间、发展的条件和成功的机遇。（　　）

23．对于挑战，应该采取回避的态度，或者自怨自艾，因为不能让社会适应你，只能改变自己，提高自己去适应社会的能力，通过努力把挑战转化为一种内在的动力。（　　）

24．对于挑战，不能采取一味回避的态度，或者自怨自艾，因为不能让社会适应你，只能改变自己，提高自己去适应社会的能力，通过努力把挑战转化为一种内在的动力。（　　）

二、单项选择题（选择一个正确的答案，将相应的字母填入题内的括号中）

1．创业者的知识素质对创业起着举足轻重的作用。具体来说，创业者应该具有的知识是（　　）。

A．依法行事，用法律维护自己的合法权益

B．了解科学的经营管理知识和方法，提高管理水平

C．掌握与本行业本企业相关的科学技术知识

D．以上各项都正确

2．创业资金是整个创业过程中占重要地位的资源，其来源不包括（　　）。

A．合作伙伴　　B．官方创业基金

C．银行贷款和风险投资　　D．非法所得

3. 下列各项中对创业项目的选择影响最弱的是（　　）。

A. 家庭影响　　B. 传媒影响

C. 朋友影响　　D. 学校创业氛围影响

4. （　　）被认为是影响创业最主要的主观因素。

A. “市场意识”　　B. “创新精神”

C. “责任感”和“合作意识”　　D. 以上各项都正确

5. 商务消费者购买商品时最基本的出发点是（　　）。

A. 使用价值的大小　　B. 运输方便、送货快捷

C. 重量是否便于搬运　　D. 保养维修是否便利

6. 下列不属于经济运行分析的具体内容的是（　　）。

A. 先行指标变化　　B. 同步指标变化

C. 经济景气调查分析指标　　D. 管理成本分析

7. 可以通过竞争各方特点分析，寻找（　　）的依据。

A. 产品定位　　B. 竞争定位

C. 价格定位　　D. 以上各项都正确

8. （　　）是保障创业成功与可持续发展的必要前提。

A. 完善企业架构　　B. 完善法律体系

C. 规范市场行为　　D. 增加税收

9. 关于竞争力的分析，最简单的方式是（　　）获取我国行业与产品竞争力调查报告，以分析创业项目的竞争力水平。

A. 从中国市场调查网　　B. 从政府公报

C. 从私人侦探处　　D. 用企业情报窃取方式

10. 对于消费者而言，差异化的价值观一方面是以更低的购买成本获得既定功能的产品，另一方面是（　　）。

A. 以不同的价格获取同样产品　　B. 以较高价格获取更高品质产品

C. 以同样价格获取更高品质产品　　D. 以廉价获得稍差点的产品

11. 创业设计的前提是（　　）。

A. 知道自身优势是什么

B. 将自己的生活、工作和事业发展都建立在这个优势之上

C. 坚持不懈，培养优势

D. AB 两项

12. 对于挑战，不能（　　），因为不能让社会适应你，只能改变自己，提高自己去适应社会的能力，通过努力把挑战转化为一种内在的动力。

A. 采取一味回避的态度　　B. 完善知识储备

C. 自怨自艾　　D. AC 两项

市场与顾客

一、判断题（将判断结果填入括号中。正确的填"√"，错误的填"×"）

1. 只要保证市场营销信息的准确性即可。（　　）

2. 市场信息是指各种网络信息的总和。（　　）

3. 做好市场信息的管理工作，有利于企业进行营销决策。（　　）

4. 任何信息都是可以直接运用的信息。（　　）

5. 市场营销信息系统为企业生产管理人员提供依据。（　　）

6. 通过对内部报告信息的分析，营销管理人员能够发现市场竞争对手的策略。（　　）

7. 营销情报系统是指市场营销管理人员用以获得日常的有关企业内部信息的程序和来源。（　　）

8. 营销情报系统为营销管理人员提供事件发生以后的结果数据。（　　）

9. 营销调研是对营销活动中出现的某些特定的问题进行研究。（　　）

10. 营销调研的准备阶段的主要任务就是调研资金。（　　）

11. 实验法是营销调研中使用最普遍的一种调查方法。（　　）

12. 观察法可以观察到消费者的真实行为特征，无法观察到调查对象的一些动机、意向及态度等内在因素。（　　）

13. 企业销售的预测指在一定时期和特定区域内，全体买方对某项商品的最大可能购

买量。（　　）

14. 通过对市场需求潜量的预测，企业就有可能掌握市场的发展动态。（　　）

15. 企业销售预测是企业对生产的各种产品市场前景的判定。（　　）

16. 通过企业销售预测可了解消费者需求的新动向。（　　）

17. 市场调研是在市场占有率的预测的基础上进行的。（　　）

18. 营销决策前必须要进行市场占有率的预测。（　　）

19. 企业经营需要的资料主要是信息资源。（　　）

20. 通过对所需资源的预测，可以对资源的市场供应状况及其变化趋势、降低资源消耗的可能性、资源的价格变化、代用材料发展状况等进行准确判断。（　　）

21. 对自己产品市场生命周期的预测属于总体预测。（　　）

22. 具体预测是指企业对国内某一地区总体市场状况的预测。（　　）

23. 企业从事需求测量，主要是进行中期和近期两个方面的测量和预测。（　　）

24. 实际上，不同的企业对预测时间界限的划分是一致的。（　　）

25. 定量预测是根据调查得到的数据资料估计出一个概数。（　　）

26. 定性预测又称量性的分析。（　　）

27. 市场预测首先要确定预测目标。（　　）

28. 必须根据预测的方法去选择预测的目标。（　　）

29. 预测的方法很多但基本原理都一样，各种场合都能用。（　　）

30. 确定预测的方法和预测目的有关，和费用无关。（　　）

31. 按照预测方法的不同确定要收集的资料。（　　）

32. 按照预测人员的不同确定要收集的资料。（　　）

33. 预测不需要利用已经获得的资料。（　　）

34. 进行预测即计算预测结果。（　　）

35. 预测结果得到以后，还要对预测数字与标准数字的差距分析比较。（　　）

36. 要对预测结果的准确和可靠程度给出评价。（　　）

37. 预测结果的报告从结果的表述形式上看，可以分成点值预测和区间预测。（　　）

38. 区间预测就是给出预测对象的一个具体的数值。（　　）

39. 德尔菲法就是召开专家会议集体讨论。（ ）

40. 定性预测主要依靠预测人员所掌握的信息、经验和综合判断能力，预测市场未来的状况和发展趋势。（ ）

41. 运用定量预测方法，一般只需要先进的计算手段即可。（ ）

42. 因果分析预测法是以事物之间的相互联系、相互依存关系为根据的预测方法。（ ）

43. 产业市场具有需求的弹性小的特征。（ ）

44. 生产资料的需求情况决定消费资料的需求状况。（ ）

45. 同消费者购买行为不一样，生产者的购买行为不会受到各种因素的影响。（ ）

46. 营销者只要密切注视环境因素的作用，即可将问题变成机遇。（ ）

47. 有一个统一的格式支配所有生产资料购买者的实际购买过程。（ ）

48. 企业的“采购中心”一般由下列5种人组成：使用者、影响者、采购者、决定者、营销者。（ ）

49. 政府采购决策要受到公众监督。（ ）

50. 所有的人都喜欢追求物美价廉的商品。（ ）

51. 消费者消费都是以个人为单位。（ ）

52. 在购买决策过程的5种角色中，营销人员最关心的是使用者。（ ）

二、单项选择题（选择一个正确的答案，将相应的字母填入题内的括号中）

1. 市场信息是指反映各种事物发展变化的（ ）状况的各种信息、资料、数据和情报的总和。

A. 实际　　B. 理想　　C. 静态　　D. 动态

2. 信息的利用必须要讲究（ ）效应。

A. 经济　　B. 实际　　C. 时间　　D. 效率

3. （ ）报告是营销管理人员最迫切需要的信息。

A. 销售　　B. 生产　　C. 设备　　D. 技术

4. 营销情报系统获得日常的有关企业（ ）营销环境发展趋势的恰当信息。

A. 内部　　B. 外部　　C. 变化　　D. 不变

5. 对企业营销活动中出现的某些特定的问题进行研究是（　　）。

A. 营销调研　　B. 营销策划　　C. 营销预测　　D. 营销计划

6. 需要应用（　　）研究去发现问题、形成假设。

A. 探测性　　B. 描述性　　C. 因果性　　D. 预测性

7. 研究（　　）是指导调研工作顺利执行的详细蓝图。

A. 准备　　B. 设计　　C. 执行　　D. 总结

8.（　　）的方式可以获得较多的较真实的信息。

A. 多项选择题　　B. 二分问题　　C. 自由问题　　D. 单项选择题

9. 营销预测是指通过对（　　）信息的分析和研究，寻找市场营销的变化规律。

A. 生产　　B. 市场采购　　C. 竞争对手　　D. 市场营销

10. 定量预测是运用（　　）方法对未来市场营销变化作出量的估计。

A. 数学　　B. 文学　　C. 哲学　　D. 历史

11.（　　）就是按照选定的预测方法，利用已经获得的资料进行预测，计算预测结果。

A. 进行生产　　B. 进行营销　　C. 进行调查　　D. 进行预测

12. 预测结果得到以后，对预测结果的（　　）给出评价。

A. 准确和可靠程度　　B. 标准数字

C. 调查数字　　D. 静态和动态

13. 区间预测是给出预测值的一个可能的区间范围和预测结果的（　　）程度。

A. 稳定　　B. 可靠　　C. 可比　　D. 可变

14. 德尔菲法的优点是（　　）、系统性、科学性。

A. 方便性　　B. 统一性　　C. 真实性　　D. 模拟性

15.（　　）是指政府采购的常用方法。

A. 拍卖采购　　B. 网络采购

C. 公开招标采购　　D. 直接购买

16. 消费者购买行为属非专业性购买，他们对产品的选择受（　　）的影响较大。

A. 广告和宣传　　B. 技术　　C. 知识　　D. 使用

17.（　　）是指由于经验而引起的个人行为的改变。

A. 知觉　　B. 感觉　　C. 学习　　D. 动机

18. 消费者典型的购买决策过程的第三个阶段是（　　）。

A. 认识需求　　B. 收集信息　　C. 购买决定　　D. 选择判断

目标与定位

一、判断题（将判断结果填入括号中。正确的填“√”，错误的填“×”）

1. 消费者需要是单一的，因此没必要进行生产细分。（　　）
2. 可衡量性指细分的市场是可以进入的。（　　）
3. 可进入性是指企业易于盈利的目标市场。（　　）
4. 生产冰淇淋的企业很容易就能进入我国中西部农村市场。（　　）
5. 有效性就是市场可有效进入。（　　）
6. 如果细分市场的规模过小就不值得去细分。（　　）
7. 行为上的同质性远大于其异质性，企业就不必费力对市场进行细分。（　　）
8. 对于细分出来的市场，企业没必要分别制定出独立的营销方案。（　　）
9. 细分消费者市场的变量有很多大类。（　　）
10. 由于居住环境的原因，城市居民与农村消费者在室内装饰用品的需求上大致相同。（　　）
11. 男性与女性在产品需求与偏好上没有很大不同。（　　）
12. 消费者所受教育水平的差异，导致其审美观具有很大的差异。（　　）
13. 社会阶层是指在某一社会中具有相对异质性和持久性的群体。（　　）
14. 可以按性格特征进行分类，从而为企业细分市场提供依据。（　　）
15. 目标市场就是企业决定要进入的市场。（　　）
16. 大家共同争夺同一个顾客群的结果是，所有消费者的需求得到更好的满足。（　　）
17. 企业应尽量选择那些竞争者相对较多的市场作为目标市场。（　　）
18. 竞争对手势力越强劲，企业竞争力也越强劲，付出的代价就会越少。（　　）

19. 只要市场有较大吸引力，即使不能推动企业实现发展目标，也应该进入。（　）

20. 只有选择那些企业能充分发挥其资源优势的市场作为目标市场，企业才会立于不败之地。（　）

21. 无差异营销策略只考虑消费者在需求上的不同点。（　）

22. 无差异营销的理论基础是成本的经济性。（　）

23. 差异性市场营销策略是将整体市场划分为若干细分市场，针对每一细分市场制定一套独立的营销方案。（　）

24. 差异性营销策略的优点是营销成本低。（　）

25. 集中性营销策略则是集中力量进入整体市场。（　）

26. 集中性市场策略不是追求在一个大市场角逐，而是力求在一个或几个子市场占有较大份额。（　）

27. 当企业各方面势力很强时，可以考虑采用差异性或无差异市场营销策略。（　）

28. 资源有限，实力不强时，可以考虑采用无差异市场营销策略。（　）

29. 在消费者眼里，不同企业生产的产品相似程度高，则同质性低。（　）

30. 大米、食盐属于同质性低的产品。（　）

31. 市场同质性高可采取集中性营销策略。（　）

32. 市场同质性高，意味着各细分市场相似程度高。（　）

33. 产品处于投入期可采用差异性营销策略。（　）

34. 当产品进入成长期或成熟期可考虑采用无差异营销策略。（　）

35. 企业选择目标市场策略时，一般不考虑竞争对手的营销策略。（　）

36. 竞争对手采用差异性营销策略，企业应采用无差异营销策略。（　）

37. 市场定位的出发点和根本要素就是要确定产品的特色。（　）

38. 只要是顾客比较重视的产品属性，就能成为市场定位的目标。（　）

39. 产品特色优势会自动地在市场上显示出来。（　）

40. 有效的市场定位并不取决于企业是怎么想的。（　）

41. 顾客对企业的认识是一成不变的。（　）

42. 建立市场形象后，企业还应不断向顾客提供新的论据和观点，维持和强化顾客对企

业的看法和认识。（ ）

43. 市场定位必须是多维度的、多侧面的。（ ）

44. 市场定位是一种竞争性定位，它不能反映市场竞争各方的关系。（ ）

45. 避强定位方式市场风险较小，成功率较高。（ ）

46. 迎头定位是一种与在市场上居支配地位的竞争对手“对着干”的定位方式。（ ）

47. 实行迎头定位，企业必须做到知己知彼，知道自己是否拥有比竞争者更多的资源和能力，是不是可以比竞争对手做得更好。（ ）

48. 市场对本企业产品的需求减少的情况下，企业就需要对其产品进行迎头定位。（ ）

49. 避强定位是企业为了摆脱经营困境，寻求重新获得竞争力和增长的手段。（ ）

50. 产品质量越高越好，这叫做质量定位。（ ）

51. 一次性产品不能作为质量定位。（ ）

52. 多功能定位在市场走俏，单一功能定位将不能畅销市场。（ ）

53. 定位于单一功能，则造价低、成本少，同样能适应消费者多方面的需要。（ ）

54. 价格定位是产品定位中最令人难以捉摸的定位。（ ）

55. 低价定位进攻市场得逞的较少。（ ）

二、单项选择题（选择一个正确的答案，将相应的字母填入题内的括号中）

1. 可衡量性指对细分的市场（ ）大小能大致作出判断。

A. 体积　B. 顾客群　C. 容量　D. 利润

2. 可进入性表示有关产品的信息能够顺利传递给该市场的（ ）。

A. 大多数经销商　B. 大多数生产者

C. 少数消费者　D. 大多数消费者

3. 进行市场细分时，企业必须考虑细分市场上顾客的（ ）。

A. 数量　B. 质量　C. 年龄　D. 性别

4. （ ）是指消费者对同一市场营销组合方案会有差异性反应。

A. 可进入性　B. 可衡量性　C. 有效性　D. 差异性

5. 属于消费者市场细分地理变量的是（　　）。

A. 经济收入　　B. 地形地貌　　C. 年龄　　D. 性别

6. 不同年龄的消费者有（　　）的需求特点。

A. 相同　　B. 不同　　C. 相反　　D. 相似

7. 可能使企业的资源配置不能有效集中的策略是（　　）。

A. 集中性策略　　B. 差异性策略

C. 无差异策略　　D. 总成本领先策略

8. （　　）潜伏着较大的经营风险。

A. 集中性策略　　B. 差异性策略

C. 无差异策略　　D. 总成本领先策略

9. （　　）采用集中性营销策略效果可能更好。

A. 资源无限时　　B. 资源有限时

C. 市场有限时　　D. 市场无限时

10. 大米、食盐类产品竞争主要集中在（　　）上。

A. 价格　　B. 数量　　C. 营养　　D. 口味

11. 市场同质性低则适宜采用（　　）营销策略。

A. 差异性或集中性　　B. 无差异或集中性

C. 差异性或无差异　　D. 总成本领先

12. 当产品进入（　　）可考虑采用差异性营销策略。

A. 开发期　　B. 成熟期　　C. 投入期　　D. 衰退期

13. 若竞争者采用（　　），则企业可采用无差异或差异性策略与之对抗。

A. 集中性策略　　B. 差异性策略

C. 无差异策略　　D. 总成本领先策略

14. 市场定位首先要了解市场上（　　）如何。

A. 供应实力　　B. 竞争者的定位

C. 顾客的需求　　D. 企业实力

15. 市场定位时企业必须积极主动而又巧妙地与顾客（　　）。

A．联系　　B．交流　　C．商量　　D．沟通

16．竞争者的干扰或沟通不畅，会引致（　　）模糊。

A．市场关系　　B．市场服务　　C．市场价格　　D．市场形象

17．构成产品内在特色的许多因素都可以作为（　　）所依据的原则。

A．市场细分　　B．目标市场　　C．市场定位　　D．销售市场

18．质高则价（　　）。

A．低　　B．高　　C．廉　　D．好

19．单一功能，造价低，成本少，但不能适应消费者多方面的需要属于（　　）。

A．重新定位　　B．质量定位　　C．价格定位　　D．功能定位

20．一般而言，只要产品优质，服务周到，（　　）也是可以畅销的。

A．中价　　B．高价　　C．低价　　D．平价

财务与规划

一、判断题（将判断结果填入括号中。正确的填“√”，错误的填“×”）

1．会计核算目标是向企业相关利益人提供决策信息。（　　）

2．企业相关利益人是企业在经济活动过程中形成的与企业有经济利益关系的各方。（　　）

3．会计核算对象是会计主体用货币表示的经济活动，又称资金运动。（　　）

4．会计要素是对资金运动的具体分类，从静态来看分为收入、成本和利润。（　　）

5．登记账簿是直接根据会计凭证，在账簿上连续、系统、完整反映经济业务的一种会计核算方法。（　　）

6．审计报告作为对会计报表质量鉴证和证明的重要文件，是阅读者了解该会计报表总体质量、提高阅读效率的重要前提。（　　）

7．会计报表阅读者可以不用根据审计报告，直接做出阅读选择。（　　）

8．资产负债表质量分析主要是了解报表中的数据反映企业真实财务状况程度。（　　）

9．资产结构分析主要是了解负债占总资产的比重，即资产负债率分析。（　　）

10. 会计利润是根据现金制计算出来的经营成果。（　　）

11. 营业利润是由主业利润和投资利润组成的。（　　）

12. 成本性态指成本总额与业务量之间的依存关系。（　　）

13. 一般无法将混合成本分解为变动成本和固定成本。（　　）

14. “利润 =（单价 - 单位变动成本）× 业务量 - 固定成本”这一公式适用于单一品种和多品种情况下企业利润计算。（　　）

15. 综合贡献毛益率受单个品种贡献毛益率和每个品种销售比重两个因素影响。（　　）

16. 保本点是指企业在保本时的销售水平，可以用销售量和销售额分别表示。（　　）

17. 多品种情况下先确定各品种保本点销售量，然后合计出多品种保本点销售量。（　　）

18. 确保目标利润实现的销售水平又被称为保利点。（　　）

19. 目标利润实现的规划仅仅是一种财务行为。（　　）

二、单项选择题（选择一个正确的答案，将相应的字母填入题内的括号中）

1. 会计通过（　　）形式向决策者提供决策所需信息。

A. 会计账簿　B. 数据　C. 账表　D. 财务报告

2. 下面属于资产类会计科目的是（　　）。

A. 短期借款　B. 未分配利润　C. 预收账款　D. 预付账款

3. 成本计算是将企业经营过程中发生的各项消耗加以归集，并按照（　　）分配，以确定生产成本与期间费用的一种专门方法。

A. 消耗内容　B. 发生时间　C. 受益对象　D. 费用性质

4. 与资产账户记账方向相同的账户是（　　）。

A. 收入账户　B. 负债账户

C. 所有者权益账户　D. 成本账户

5. 企业因销售商品取得银行存款增加的同时，贷方登记（　　）账户。

A. “收入”　B. “主营业务收入”

C. “其他业务收入”　D. “库存商品”

6. 根据“原材料”“库存商品”“生产成本”等账户余额合计填列的资产负债表项目是（　　）。

A. 货币资金　　B. 存货　　C. 物资　　D. 实物资产

7. 通过利润表结构分析，不仅可以掌握利润是如何形成的，而且可以分析利润（　　）。

A. 未来的发展变化趋势　　B. 计算是否准确

C. 来源的合理性　　D. 真实性

8. 关于固定成本和变动成本下面表述正确的是（　　）。

A. 单位变动成本是相对固定的　　B. 单位固定成本是相对固定的

C. 固定成本一直保持不变　　D. 企业直接生产成本是固定的

9. 某企业月固定成本为 50 000 元，经营甲、乙两种产品，已知它们销售比重各为 50%，甲产品贡献毛益率为 40%，乙产品贡献毛益率为 60%，则销售额为 120 000 元时的利润为（　　）元。

A. 10 000　　B. 60 000　　C. 20 000　　D. 30 000

10. 某企业月固定成本为 10 000 元，经营甲、乙两种产品，已知它们销售比重各为 50%，甲产品贡献毛益率为 30%，乙产品贡献毛益率为 50%，则该企业保本点的销售额为（　　）元。

A. 20 000　　B. 25 000　　C. 30 000　　D. 35 000

风险与管理

一、判断题（将判断结果填入括号中。正确的填“√”，错误的填“×”）

1. 在一定环境下和一定限期内客观存在的、影响企业目标实现的各种不确定性事件就是创业风险。（　　）

2. 创业风险是在一定环境下和一定限期内客观存在的、影响企业目标实现的各种确定性事件。（　　）

3. 融资缺口存在于学术支持和商业支持之间，是研究基金和投资基金之间存在的断层。（　　）

4．融资缺口存在于学术支持和商业支持之间，是研究基金和投资基金之间存在的差异。（　）

5．研究缺口主要存在于不管个人兴趣所做的研究判断和基于市场潜力的商业判断之间。（　）

6．研究缺口主要存在于仅凭个人兴趣所做的研究判断和基于市场潜力的商业判断之间。（　）

7．信息和信任缺口存在于技术专家和管理者（投资者）之间。（　）

8．信息和信任缺口存在于投资者和被投资者之间。（　）

9．创业者不一定也不可能拥有所需的全部资源，这就形成了资源缺口。（　）

10．在大多数情况下，创业者不一定也不可能拥有所需的全部资源，这就形成了资源缺口。（　）

11．同一风险事件对不同的创业者会产生相同的风险，同一创业者由于其决策或采取的策略不同，会面临不同的风险结果。（　）

12．创业风险的可变性主要包括创业过程中风险性质的变化、风险后果的变化以及出现新的创业风险这三个方面。（　）

13．创业风险的可变性是指当创业的内部与外部条件发生变化时，可能会引起的创业风险变化。（　）

14．创业风险的可测性是指创业风险是可测量的，即可通过定性或定量的方法对其进行估计。（　）

15．创业风险的不准测性是指创业风险的实际结果常常会出现偏离的状况。（　）

16．创业风险按风险来源的主客观性划分为主观创业风险和客观创业风险。（　）

17．创业风险按风险来源的主客观性划分为政策风险和市场风险。（　）

18．创业风险按创业风险的内容划分为技术风险、市场风险、政治风险三部分。（　）

19．创业风险按创业风险的内容划分为技术风险、市场风险、政治风险、管理风险、生产风险和经济风险。（　）

20．创业风险按风险对所投入资金即创业投资的影响程度划分为安全性风险、收益性风

险和流动性风险。（ ）

21. 创业风险按风险对所投入资金即创业投资的影响程度划分为安全性风险和收益性风险。（ ）

22. 创业风险按创业过程划分为准备与撰写创业计划风险、确定并获取创业资源风险和新创企业管理风险。（ ）

23. 创业风险按创业过程划分为机会的识别与评估风险、准备与撰写创业计划风险、确定并获取创业资源风险和新创企业管理风险。（ ）

24. 创业风险按创业与市场和技术的关系划分为改良型风险、杠杆型风险、跨越型风险和激进型风险。（ ）

25. 创业风险按创业与市场和技术的关系划分为改良型风险、杠杆型风险两大类。

（ ）

26. 创业风险按创业中技术因素与市场因素的关系划分为技术风险、市场风险和代理风险。（ ）

27. 创业风险按创业中技术因素、市场因素与管理因素的关系划分为技术风险、市场风险和代理风险。（ ）

28. 创业技术风险是指由于技术的不确定性而导致创业失败的可能性。（ ）

29. 创业技术风险就是技术上成功的不确定性。（ ）

30. 创业市场风险是指在创业的市场实现环节，由于市场的需求量的不确定性而导致创业失败的可能性。（ ）

31. 创业市场风险是指在创业的市场实现环节，由于市场的不确定性而导致创业失败的可能性。（ ）

32. 创业管理风险由创业者素质决定。（ ）

33. 创业管理风险是指在创业过程中因管理不善而导致创业失败所带来的风险。

（ ）

34. 创业财务风险是指因资金不能适时供应而导致创业失败的可能性。（ ）

35. 通货膨胀不会引起创业财务风险。（ ）

36. 创业成长风险是指企业创立时所产生的风险。（ ）

37. 创业成长风险是指因创业企业成长带来的风险。（　　）

38. 创业环境风险是指由于所处的社会环境、政策、法律环境变化，或由于意外灾害发生而造成创业失败的可能性。（　　）

39. 创业环境风险是指由于所处的政策、法律环境变化，或由于意外灾害发生而造成创业失败的可能性。（　　）

40. 知识产权风险是指创业过程中涉及知识产权的风险。（　　）

41. 机会成本风险主要是指创业者选择创业也就放弃了自己原先所从事的职业，丧失了其他选择。（　　）

42. 初创企业没有积累，往往资金实力薄弱，现金流量不足，创业者通常通过多种渠道争取对企业的投入。（　　）

43. 创业过程中的各种风险损失不会加大企业的财务经营负担。（　　）

44. 一个风险损失可能使企业的竞争优势全部丧失。（　　）

45. 风险损失不会丧失企业的竞争优势。（　　）

46. 建立合理的风险管理体系可加快创业企业内部管理正规化的步伐，从而促进创业企业的健康成长。（　　）

47. 企业在创业初期规模较小的情况下，管理的主要责任落在创业者身上。（　　）

48. 创业者的综合素质就是一个创业企业成功的关键因素。（　　）

49. 系统识别和统筹管理各种潜在的损失是创业者能力的重要标志之一。（　　）

50. 内部环境主要是由风险管理哲学、风险文化、诚信和道德观、能力承诺、管理哲学和经营风险、风险偏好、组织结构、权力和责任分配、人力资源政策与实践等构成。（　　）

51. 内部环境是组织基调，是其他风险管理要素的基础。（　　）

52. 董事会与经理层在设定目标时，要考虑企业的风险容忍度、风险偏好以及事项识别环节所确定的机会。（　　）

53. 战略目标、经营目标、报告目标被称为企业风险管理目标体系。（　　）

54. 控制活动指的是保证防范风险应对方案得到执行的相关政策和程序。（　　）

55. 管理当局应对企业所有系统进行控制，包括对信息系统的控制。（　　）

56. 重复是指控制活动环节返回到事项识别环节，重复事项识别、风险评估、应对风险、控制活动这个流程。 （ ）

57. 广义的沟通包括企业内自上而下、自下而上以及横向的沟通，并为企业风险管理的运行提供重要信息。 （ ）

58. 监督方式分为持续监督和个别评估。 （ ）

59. 监督是指评估风险管理要素的内容和运行，以及评价某一时期的执行质量的一个过程。 （ ）

60. 风险处理是指通过不同的措施和手段，用最小的成本达到最大安全保障的过程。 （ ）

61. 最常用的风险处理的方式是避免、自留、预防和转嫁。 （ ）

62. 创业企业的管理者必须了解风险的来源，并在此基础上建立一整套风险管理的程序，这些程序是：预防风险、自我保险、风险分担。 （ ）

63. 对一个希望健康成长的创业企业来说购买商业保险是分散风险的最好方法。 （ ）

二、单项选择题（选择一个正确的答案，将相应的字母填入题内的括号中）

1. 在一定环境下和一定限期内客观存在的、影响企业目标实现的各种（ ）事件就是创业风险。

A. 选择性　　B. 唯一性　　C. 不确定性　　D. 确定性

2.（ ）存在于学术支持和商业支持之间，是研究基金和投资基金之间存在的断层。

A. 资源缺口　　B. 融资差额　　C. 研究缺口　　D. 融资缺口

3. 研究缺口主要存在于仅凭个人（ ）所做的研究判断和基于市场潜力的商业判断之间。

A. 爱好　　B. 兴致　　C. 兴趣　　D. 好恶

4. 信息和信任缺口存在于技术专家和（ ）之间。

A. 创业者　　B. 非技术专家

C. 被投资者　　D. 管理者（投资者）

5. 在大多数情况下，创业者不一定也不可能拥有所需的全部资源，这就形成了

（　　）。

A. 资金缺口　　B. 管理缺口　　C. 资源缺口　　D. 融资缺口

6. 管理缺口是指（　　）并不一定是出色的企业家，不一定具备出色的管理才能。

A. 管理者　　B. 技术专家　　C. 创业者　　D. 投资者

7.（　　）的存在是客观存在的，是不以人的意志为转移的。

A. 投资风险　　B. 创业风险　　C. 管理风险　　D. 资金风险

8. 影响创业的各种因素是不断变化、难以预知的，这种难以预知就造成了（　　）的不确定性。

A. 投资风险　　B. 资金风险　　C. 创业风险　　D. 管理风险

9.（　　）指的是创业风险在给定的宏观条件下，会有很多客观上的阻碍，同时也有对社会经济起积极作用和有意义的一面。

A. 不确定性　　B. 损益双重性　　C. 相关性　　D. 客观存在性

10. 预测企业的各种（　　）因素并妥善处理，是决定企业创业成功与否的重要能力之一。

A. 确定性　　B. 不确定性　　C. 必然性　　D. 偶然性

11.（　　）是组织基调，是其他风险管理要素的基础，即为组织内的人员如何认识和对待风险提供基础。

A. 宏观环境　　B. 微观环境　　C. 内部环境　　D. 外部环境

12. 企业的目标可以分成四类，即战略目标、经营目标、（　　）和监管目标。

A. 总体目标　　B. 营销目标　　C. 报告目标　　D. 生产目标

13. 事项识别是指识别影响事件的（　　）。

A. 内部因素　　B. 内外部因素　　C. 外部因素　　D. 社会因素

14. 评估的方法一般是先确定固有风险，再用评估技术确定企业的（　　）。

A. 外部风险　　B. 剩余风险　　C. 战略风险　　D. 内部风险

15. 风险的应对可分为规避风险、（　　）、共担风险和接受风险。

A. 减少风险　　B. 去除风险　　C. 挑战风险　　D. 改变风险

16. 管理当局应对企业所有系统进行控制，包括对（　　）系统的控制。

A. 生产　　B. 信息　　C. 人力资源　　D. 战略

17. 来自企业内部和外部的信息必须以一定的格式和时间间隔进行确认、（　　）和传递，以保证企业的员工能够执行各自的职责。

A. 发布　　B. 捕捉　　C. 宣传　　D. 获取

18.（　　）是指评估风险管理要素的内容和运行，以及评价某一时期的执行质量的一个过程。

A. 重复　　B. 监督　　C. 控制　　D. 应对

19. 对于损失金额很小的风险宜采用（　　）的处理方式。

A. 预防　　B. 抑制　　C. 转嫁　　D. 自留

20. 创业企业的管理者必须了解风险的来源，并在此基础上建立一整套风险管理的程序，这些程序是：预防风险、（　　）、风险分担。

A. 控制风险　　B. 自我保险　　C. 评估风险　　D. 避免风险

公关与礼仪

一、判断题（将判断结果填入括号中。正确的填“√”，错误的填“×”）

1. 公关是社会组织同构成其牛存环境、影响其生存与发展的那部分公众的一种社会关系。（　　）

2. 公共关系是一项管理功能，即制定政策及程序来管理公众。（　　）

3. 社会组织、公众和宣传这三个要素构成了公共关系的基本范畴。（　　）

4. 公共关系的主体要素是社会组织，客体要素是社会公众。（　　）

5. 社会组织必须着眼于自己的公众，才能生存和发展。（　　）

6. 塑造形象不是公共关系的核心问题。（　　）

7. 响应机制是由企业推出的针对各种突发公共事件而设立的各种应急方案，通过该方案使损失减到最大。（　　）

8. 离开了传播，公众就无从了解企业，企业也无从了解公众。（　　）

9. 媒体公关是为了最大可能地达到企业的传播目标和媒体的报道需求。（　　）

10. 媒体公关只要使企业达到传播目标，实现企业的推广即可。（ ）

11. 公关礼貌是指人们在公关活动中相互间所表示出来的敬重和友好的行为。（ ）

12. 只有具有守时、正直等良好的公关礼貌的企业，才能赢得外部公众的认可。（ ）

13. 公关礼节是指人们在社交活动中对礼貌分寸的把握。（ ）

14. 公关礼节是礼貌在语言、行为、仪表等方面的具体规定。（ ）

15. 公关仪式或仪典是在特定场合举行的活动。（ ）

16. 在酒会等商务场合，作为创业者不用非常详细地了解公关仪式或典礼。（ ）

17. 无论是青涩的创业者刚刚成立的新公司，还是立足百年的大企业，在商务公关活动中，同为商海中的竞争者与合作者，皆而平等。（ ）

18. 作为新秀可以不遵守平等原则。（ ）

19. 尊重原则，是商务公关中的一大原则，即在商务公关活动中应当本着相互尊重的原则，不歧视小企业，在相互尊重中进行愉快的商务公关活动。（ ）

20. 在日常生活中要学会尊重他人和赢得他人的尊重，但在商务公关活动中可不用。（ ）

21. 在春秋时期的《论语》中“人无信不立”就足以说明宽容的重要性。（ ）

22. “信”对一个国家的兴衰存亡都起着非常重要的作用，同样，“信”也是一个企业能否从弱小走向强大的立身之本。（ ）

23. 面由心生，就是要求在握手时让他人感受到自己的真诚，必须要拿出自己的真心，但是行动与内心所想可以有差距。（ ）

24. 自我介绍是让他人认识自己最重要最基本的一个步骤。（ ）

25. 向他人介绍自己最重要的目的不是让他人能深刻地记住自己。（ ）

26. 在社交场合，尝试向他人介绍自己周围的人不能缓和现场尴尬的气氛。（ ）

27. 两个素不相识的朋友见面时，作为与其都相熟的中间人，不管是出于对双方的尊重还是为接下来的活动的顺利进行，都应当先向对方介绍身边的朋友。（ ）

28. 在现代社会职场社交中，名片交换只是一种社交手段，但缺少也无大碍。（ ）

29. 在职场社交中，除了准备一张精美、信息详细的名片外，还要学习如何交换名片。（ ）

30．互赠礼品时应针对不同商务对象选择不同的礼品。（ ）

31．在商务礼仪中，人们往往通过互赠礼品来表示心意。（ ）

32．交谈的目的在于获得更多的信息，因此不能只交谈一方侃侃而谈，需要交谈双方进行思想上的碰撞。（ ）

33．交谈过程中，交谈者的语速不宜过慢而使人昏睡，但可以过快以展示交谈者自身清晰灵活的思维。（ ）

34．交谈往往可以从一些小的事情开始慢慢进入交谈的正题，但是这些细小事情的选择并不很重要。（ ）

35．不同文化的地区谈论的对象不一，因此要针对不同交谈者选择不同的交谈话题。（ ）

36．聆听他人的讲话不仅能让自己从别人的谈话中获取有助于自己成长的养分，还能帮助继续对话的进行。（ ）

37．在他人发表自己意见时，聆听者应当仔细听说话者所讲的内容，不发表言论，以保证对话的完整性。（ ）

38．作为一个创业者，实干更重要，会面与交谈礼仪并不是特别重要的内容。（ ）

39．交谈过程中应尽量避免涉及他人的隐私，如薪资报酬、家庭情况等。（ ）

40．与会者在参加会议时，一般在规定的会议时间之前提早半小时进入会场。（ ）

41．在大型会议上发言，要准备充分，态度谦虚，发言开始时要向观众欠身致意；发言内容要求做到中心突出，材料翔实，感情真实；别人发言时不要打岔。（ ）

42．一个好的会议的召开，当然离不开前期精心的会议准备工作。（ ）

43．一个会议的会议经费应该在会前会务工作伊始就进行预算。（ ）

44．会议无非就包括会前和会中两个阶段，相应的，会议礼仪程序也就是会前礼仪和会中礼仪。（ ）

45．会议流程首先是请领导就相关事宜发言，然后会议主持人简明扼要地讲解一下当天会议的流程，之后就是按照会议流程进行。（ ）

46．展览会礼仪又可分为主办展览会礼仪和受邀参加展览会礼仪。（ ）

47．座谈会礼仪只需要注意引导交流，控制协调就可以了。（ ）

48．应对媒体，要注重个人的形象，言谈举止、行为作风都非常重要。（　　）

49．掌握好应对媒体的礼仪，让媒体在企业的公关中起到积极的作用，势必是非常重要的。（　　）

50．只有诚信的企业才能赢得大众，走向未来。（　　）

51．公关仪典应本着诚信的原则，向公众负责，向企业负责。（　　）

52．在环境的布置上，要注意把环境布置得符合庆典的气氛，必要时可花里胡哨，但不能与庆典格格不入。（　　）

53．在来宾接待方面，既要体现出企业的大气，又要充分尊重庆典出席者，最好成立专门的迎宾小组，有序、高效、礼貌地迎接来宾。（　　）

54．剪彩者就是一般为人所熟知的礼仪小姐，通常由主办方女职员担任，助剪者就是事先邀请的人。（　　）

55．助剪者应提前进行培训，使她们熟知剪彩流程，帮助剪彩仪式的高效完成，必要时可向外单位临时聘请礼仪小姐。（　　）

56．要想把握好礼宾规格，接待人员主要应当注重掌握原则、来宾分类、熟悉特征、常规内容、操作方式五个要点。（　　）

57．接待人员在接待来宾时，往往需要将其分类，以达到不同类型不同对待。（　　）

58．商业拜访的首要原则就是准时。（　　）

59．在外出参观前，应该了解参观地背景，了解参观项目的历史、特色、现状、发展情况、优点与不足等，做好充足的准备，不打无准备之仗。（　　）

60．函即信，公函即公务信件，是高低级和平行机关或不相附属机关之间在商洽和接洽工作、询问和答复问题时所应用的文体。（　　）

61．函的特点是受公文规定的严格限制，如不用正式文件头，也可不编文件号，有时还可不拟标题，因此用起来极为简便。（　　）

62．所谓宽容原则，指的就是人的心要宽广，不小气，豁达大度，对于对方提出的条件无条件答应，这是谈判成功的必要因素。（　　）

63．谈判礼仪原则包括：真诚原则、宽容原则、适度原则和自律原则。（　　）

64．招待会是指一些不备正餐的宴请形式，一般备有食品和酒水饮料，不排固定席位，

宾主活动不拘形式，利用进餐时间，边吃边聊。（　　）

65. 应邀赴宴，一定要遵守时间，既不能太早到达，也不可迟到。（　　）

66. 按照主人的安排入座后，要注意坐姿，要坐得端正，双脚靠拢，最好将双手放在自己的大腿上。（　　）

67. 礼仪的重要功能是对人际关系的调解。（　　）

68. 在当今社会，处理人际交往时，应遵从自己本性。（　　）

69. 打扮时追求新潮特殊的打扮，追求个性化。（　　）

70. 打扮时根据不同的场景来调整，能够让别人看了眼前一亮，给别人留下好印象。（　　）

71. 服饰，指的是人的服装穿着，饰品是仪表的重要部分。（　　）

72. 上班时，追求个性化打扮。（　　）

二、单项选择题（选择一个正确的答案，将相应的字母填入题内的括号中）

1. 公共关系就是指组织与（　　）之间，组织与相关公众之间的关系。

A. 个人　　B. 集体　　C. 组织　　D. 社会

2. 公共关系的客体要素社会公众具有五个特征，即整体性、（　　）、相关性、多样性和变化性。

A. 动态平衡性　　B. 共同性　　C. 目标导向性　　D. 复杂性

3. 公共关系的核心问题是（　　）。

A. 组织形象　　B. 知名度　　C. 塑造形象　　D. 美誉度

4. 成功的公关活动不能够持续提高品牌的（　　）。

A. 知名度　　B. 顾客满意度　　C. 忠诚度　　D. 发展速度

5. 以下关于企业商务公关礼仪形象原则的叙述中，不恰当的是（　　）。

A. 树立一个良好的企业形象是创业者最快走上“正轨”的有效途径

B. 作为公关人员，应该注意自己的衣着打扮和在公众面前的仪表仪态

C. 公关人员与公众见面时适时得体的衣着打扮、言谈举止不仅会使公众产生信任和好感，而且一定会使合作过程充满和谐与成功

D. 良好的形象能帮助企业更好地开展业务

6. 人的一生都在与他人沟通，（　　）品质就是生命品质。

A. 尊重　　B. 宽容　　C. 沟通　　D. 诚信

7. 在“全则必缺，极则必反”的语言条件下，只有（　　），才能最大限度地为企业赢取利益。

A. 把握好“度”　　B. 足够宽容　　C. 注重自身形象　　D. 以诚待人

8. 握手是人与人之间（　　）的象征。

A. 友好　　B. 敌意　　C. 宽容　　D. 沟通

9. 一个好的自我介绍（　　）。

A. 不能让别人更清楚地了解自己

B. 可以在与人交往中得到有效的信息

C. 不能在职场生活中得到更多的机会

D. 不能给别人留下良好的印象

10. 在两个素不相识的朋友见面时，不管是出于对双方的尊重还是为接下来的活动的顺利进行，都应当（　　）。

A. 先向对方介绍身边朋友　　B. 先向身边朋友介绍对方

C. 以任意的引荐顺序介绍双方　　D. 不用介绍双方

11. 在名片交换礼仪中，名片夹一定要干净整洁以示（　　）。

A. 对自己的严谨　　B. 对他人的尊重

C. 对自己的尊重　　D. 对自己和他人的尊重

12. 一份为表达公司心意而精心选择的精美礼品往往可以（　　）。

A. 拉近交谈者之间的距离　　B. 拉开交谈者之间的距离

C. 减少工作商谈中的阻碍　　D. 增加工作商谈中的阻碍

13. 在跟媒体接触时，要（　　），如新闻发布会，就应该提前安排好媒体的采访事宜，使新闻发布会有效进行。

A. 沉着冷静　　B. 理智机智

C. 对媒体表现出足够的尊重　　D. 做好准备工作

14. 公关仪典乃是面向（　　）的盛典，企业员工在公关仪典上所展示的形象是企业形象的外显。

A．企业内部　　B．政府　　C．新闻媒介　　D．公众

15．从组织者的角度来看，开业典礼的内容安排至少要注意（　　）四大问题。

①出席者的确定②来宾的通知③来宾的接待④环境的布置⑤庆典的程序

A．①②③④　　B．①③④⑤　　C．②③④⑤　　D．①②④⑤

16．剪彩，需要邀请剪彩人员，准备剪彩器材，尤其是剪彩仪式上所需要使用的某些特殊用具，如（　　）以及红色地毯。

①红色缎带　②新剪刀　③白色薄纱手套　④托盘

A．①②③　　B．①③　　C．①②③④　　D．①②④

17．要把握好礼宾规格，接待人员主要应当注意（　　）等。

A．掌握原则　　B．来宾分类　　C．熟悉特征　　D．以上各项都正确

18．进行参观时，对参观人员的要求不包括（　　）。

A．明确参观人员无条件服从组织安排，遵守秩序，文明懂礼

B．对参观人员的着装提出规定

C．参观者在参观时一定要认真，仔细学习，不空手而归，与被参观方的工作人员积极互动

D．遇到问题后可以不分时间地点地提出疑问

19．公函的首部的内容主要包含（　　）。

A．标题、主送机关、抄送机关　　B．标题、发文机关、主送机关

C．发文机关、主送机关　　D．标题、主送机关

20．所谓宽容原则，指的就是人的心要宽广，不小气，豁达大度，能设身处地地为他人着想，这是谈判成功的（　　）因素。

A．首要　　B．充分必要　　C．充分　　D．必要

21．以下不是礼仪的综合体现的是（　　）。

A．企业形象　　B．文化　　C．员工素养　　D．个人能力

22．男员工应该注意的事项不包括（　　）。

A．不可蓄长发、染发

B. 裤子不能过长，裤脚应在脚踝以上并露出皮鞋

C. 衬衫、领带、西装、长裤应保持清洁与平整，西装、领带、衬衫的颜色应协调搭配

D. 衬衣袖口以露出西装袖口 0.5 cm 至 1 cm 为佳

23. 着装五协调不包括（　　）。

A. 年龄　　B. 职业　　C. 喜好　　D. 体型

团队与机制

一、判断题（将判断结果填入括号中。正确的填“√”，错误的填“×”）

1. 创业团队组建的目标必须是明确的，这样才能使团队成员清楚地认识到共同的奋斗方向是什么。（　　）

2. 只有当团队成员相互间在知识、技能、经验等方面实现互补时，才有可能通过相互协作发挥出“1 +1 >2”的协同效应。（　　）

3. 创业团队作为推动创业活动的主体，一般而言由目标、人员、创业计划三大要素组成。（　　）

4. 团队的理想状态是：团队中的每个人既能满足特定需要又不与其他的角色重复，这样个体劣势可以用其他人的优势弥补，而且不会造成资源浪费。（　　）

5. 创业团队大致的组建程序有明确创业目标、制订创业计划、招聘合适人员、职权划分、构建制度体系等。（　　）

6. 一般认为，创业团队的规模控制在 10 ~20 人最佳。（　　）

7. 星状创业团队在团队中有一个核心成员，但是该核心成员地位的确立是团队成员协商的结果，因此核心人物某种意义上说是整个团队的代言人，而不是主导型人物，其在团队中的行为必须充分考虑其他团队成员的意见。（　　）

8. 加入创业团队的成员都是核心主导人物以前熟悉的人，其他的团队成员是支持者。（　　）

9. 网状创业团队的成员一般在创业之前都有密切的关系，比如同学、亲友、同事、朋

友等，在交往过程中共同认可某一创业想法，并就创业达成了共识以后开始共同进行创业。（ ）

10. 在创业团队组成时，没有明确的核心人物，大家根据各自的特点进行自发的组织角色定位。因此，在企业初创时期，各位成员基本上扮演的是执行者角色。（ ）

11. 虚拟星状创业团队中有一个核心主导人物，充当了领军的角色。这种团队在形成之前，一般是核心主导人物有了创业的想法，然后根据自己的设想进行创业团队的组织。（ ）

12. 虚拟星状创业团队由网状创业团队演化而来，是星状创业团队和网状创业团队的中间形态。（ ）

13. 决策权力在创业团队成员中的分布称为创业团队权力结构。（ ）

14. 关于创业团队的绩效考核的说法，“清晰的标准保障目标实现，严明的赏罚导航团队前进”是正确的。（ ）

15. 通常情况下竞争与协作的成分是三七开，因为团队绝不宜过多鼓励内部竞争。（ ）

16. 团队是指为了实现某一目标而由相互协作的个体所组成的正式群体。（ ）

17. 创业团队是指在创业中紧密协作并相互负责的一群人，拥有共同的效益目标。（ ）

18. 构建团队有许多不同的途径、方式，即构建团队所采取的策略或者机制。在实际运用上，属于何种途径并不易划分，往往需要混合运用。（ ）

19. 创业团队的构建有三类途径：人际途径、价值途径及工作导向途径。（ ）

20. 作为初创企业来说，随着办公费用产生、产品开发和营销等活动开展，这个时候的资金需求压力随项目推进而逐渐减小。（ ）

21. 组建期是团队发展的启蒙阶段。（ ）

22. 成长期阶段的市场风险和管理风险依然存在。（ ）

23. 成长期时，团队内部开始形成各种观念碰撞的局面。（ ）

24. 成熟期即规范期。（ ）

25. 成熟期的创业团队内部的规则、价值、行为、方法、工具均已健全。（ ）

26. 创业团队原有的经营业务和产品由于市场竞争的加剧而减少，利润缩减。（　　）

27. 衰退期创业团队内部由于核心人物的观点分歧或人才流失，导致团队整体执行力增强。（　　）

28. 衰退期和蜕变期描述的是团队发展的同一阶段。（　　）

29. 创业团队的发展轨迹不一定是线形的，有可能是循环式的。（　　）

30. 影响领导有效性的因素是领导理论研究的唯一核心。（　　）

31. 作为一个创业团队来说，一定要是基于组织内部的，能够对团队施加影响，从而顺利达成目标的人，才是一个合适并且合格的领导者。（　　）

32. 学者霍兰德与奥弗曼将领导者可能采取的权力划分为五种类型。（　　）

33. 授权简单来说就是权力在团队之间从上级到下级的转移。（　　）

34. 对一个创业领导者来说，确保团队成员了解并认同整个团队的价值观非常重要。（　　）

35. 优秀的团队领导者抓住一切可能的机会和场合，来鼓励团队成员积极正向地评价其他人的能力、技术和取得的工作成果，并帮助内部各成员之间互相建立信任，达成工作同步，并彼此依靠，自我负责。（　　）

36. 心理测量是一种比较常见的用来评价团队工作的方法。（　　）

37. 卡特尔在其人格的解释性理论构想的基础上编制了 15 种人格因素问卷，从 15 个方面描述个体的人格特征。（　　）

38. 关于决策的定义，“决策是面对客观的环境、未知的风险、不可控因素做出选择的过程”是错误的。（　　）

39. 团队决策的不足之处包括：团队决策的广泛参与性可能导致速度、效率低下；有从众心理导致决策有可能为个人或子团队所左右；决策方案的提出者可能更关心个人目标而导致对团队整体目标的偏移。（　　）

40. 如果团队发展陷阱中的状况不加以纠正与克服，会导致团队无效。（　　）

41. 常见的团队发展陷阱共有 5 种。（　　）

42. 团队的成功因素有 10 个。（　　）

43. 合适的领导者对团队的合作会产生放大效应，能让团队成员心甘情愿地追随，并共

同为组织的愿景及目标努力。（　）

44. 团队文化又称组织文化，指组织成员共有的一套意义共享体系，它使组织独具特色，区别于其他组织。（　）

45. 团队文化包含七项主要的特征，这些特征综合起来构成了组织文化的本质所在。（　）

46. 创新不需要掌握一定的知识积累，可以靠凭空想象。（　）

47. 创新型人才的培养和引进是建设创新型团队的关键。（　）

二、单项选择题（选择一个正确的答案，将相应的字母填入题内的括号中）

1. 以下不是创业团队组建的基本原则的是（　）。

A. 目标明确合理原则　　B. 互补原则

C. 精简高效原则　　D. 不开放原则

2. 在创业计划中，个人计划一定是与团队计划和（　）的方向一致的。

A. 时间进度　B. 时间分配　C. 时间紧迫程度　D. 个人情况

3. 招募合适的人员也是创业团队组建最关键的一步，创业团队成员的招募，主要应考虑两个方面：一是考虑互补性，二是考虑（　）。

A. 有才能　　B. 尽可能扩大规模

C. 性格容易相处　　D. 适度规模

4 以下是星状创业团队的特征的是（　）。

①组织结构紧密，向心力强，主导人物在组织中的行为对其他个体影响巨大

②决策程序相对简单，组织效率较高

③容易形成权力过分集中的局面，从而使决策失误的风险加大

④当其他团队成员和主导人物发生冲突时，因为核心主导人物的特殊权威，使其他团队成员在冲突发生时往往处于被动地位，在冲突较严重时，一般都会选择离开团队，因而对组织的影响较大

A. ②④　B. ①②③　C. ①②　D. ①②③④

5. 网状创业团队的成员在创业之前可能的关系不包括（　）。

A. 同学　B. 亲友　C. 陌生人　D. 同事

6. 一般来说，创业团队共有三种类型：①星状创业团队、②网状创业团队、③虚拟星状创业团队，其中核心成员影响力由大到小的顺序是（　　）。

A. ①②③　　B. ①③②　　C. ②①③　　D. ③①②

7. 角色完整性是指创业团队（　　）。

A. 各种角色层次分明　　B. 关键角色人员配置合理

C. 关键角色的权责利明确　　D. 各种角色齐全

8. 技能异质性指创业团队（　　）。

A. 所有成员的技能是其角色确定的依据

B. 所有成员的技能都很奇特

C. 所有成员的技能各不相同

D. 所有成员的技能质量都不好

9. 对创业团队成员的权力分配要与成员的（　　）相一致。

A. 年龄大小　　B. 经济水平

C. 与核心人物的关系　　D. 自身能力

10. 团队绩效考核的注意事项包括（　　）。

①赏罚制度必须事前约定，奖惩标准必须前后一致

②绩效标准必须得到 80% 及以上的成员认同

③不要相信绝对标准，任何考核结果都是相对的，关键是让成员感觉到公平、公正

④对团队和成员的考核结果必须直接或间接地反馈到每个成员，让大家明白做什么获得奖励，做什么会受到处罚，以明确团队的价值导向，同时制订持续改善的计划

A. ①③④　　B. ④　　C. ①②③④　　D. ②③

11. 在创业初期，创业团队理想人数最好少于（　　）人。

A. 20　　B. 15　　C. 9　　D. 12

12. 创业团队的构建途径可以分为（　　）这几类。

①人际途径　②角色界定途径　③价值途径　④工作导向途径

A. ①②③　　B. ③④　　C. ①②③④　　D. ①③④

13. 下列属于创业团队组建期的特征的是（　　）。

①团队不稳定 ②技术不成熟 ③市场未打开 ④盈利模式未形成 ⑤发展战略不清晰 ⑥团队本身面临很多不确定性 ⑦风险系数处于高位

A. ①②③④⑤⑥⑦　　B. ①⑤⑥⑦

C. ②③④⑤⑥　　D. ①②③④

14. 成长期随着创业团队的产品销售开始呈现较快的增长，资金的需求量（　　）。

A. 急剧增加　　B. 慢慢增加　　C. 逐渐降低　　D. 无明显变化

15. 下列关于领导者可能采取的权力的说法正确的是（　　）。

A. 令权与统治相关，建立于职权的基础之上，但当它被用于提高团队领导效率的时候，如果没有仔细照顾到其他团队成员的反应，并不是一种特别有用的形式

B. 学者霍兰德与奥弗曼将领导者可能采取的权力划分为五种类型

C. 授权对一个团队领导者来说最没有利用价值

D. 避权对领导者来说，坚持团队目标不是非常重要

16. （　　）是整个团队文化的核心，它是团队在追求经营成功过程中所推崇的基本信念，并决定着团队发展的方向。

A. 领导者　　B. 价值观　　C. 团队成员　　D. 人生观

17. 常见的团队绩效测评的方法包括（　　）。

①利用客户关系图的方法确定团队绩效的测评维度

②利用组织绩效目标确定团队绩效测评维度

③利用业绩金字塔确定团队绩效测评维度

④利用工作流程图确定团队绩效测评维度

A. ①②　　B. ①③　　C. ②③④　　D. ①②③④

18. 有效运作的成功团队基本特征不包括（　　）。

A. 明确的团队目标　　B. 所有成员都是精英

C. 一致的共识　　D. 有效的领导

19. 下列说法错误的是（　　）。

A. 团队文化对团队成员有感召力和凝聚力，能把众多人的兴趣、需求以及由此产生的行为统一起来

B. 团队文化仅仅是团队领导者倡导、培植并身体力行的结果

C. 团队文化一旦形成，就会对团队管理产生巨大的影响和制约作用

D. 团队领导者要成为“文化设计师”与“文化营养师”，通过各种企业培训、多样化的团队建设来精心塑造和打理团队文化

20. 在创业团队建设（　　）阶段，应注重对团队内部现有成员创新能力的培训提高。

A. 刚刚起步　　B. 飞速发展　　C. 基本完成　　D. 完全成熟

危机与处置

一、判断题（将判断结果填入括号中。正确的填“√”，错误的填“×”）

1. 创业者自身危机，是指创业者自身以外的在创业过程中面临工作负荷、人际关系、职业发展、管理责任、工作与家庭平衡等各方面的压力所引发的创业危机。（　　）

2. 创业者自身危机，是指创业者自身在创业过程中面临工作负荷、人际关系、职业发展、管理责任、工作与家庭平衡等各方面的压力所引发的创业危机。（　　）

3. 工作负荷指完成工作任务的时间、数量、质量等客观因素，不包括创业者对工作负担的主观感受。（　　）

4. 工作负荷既指完成工作任务的时间、数量、质量等客观因素，也指创业者对工作负担的主观感受。（　　）

5. 身体锻炼是应对压力的重要措施。身体锻炼所起的作用是消耗掉那些由于压力而产生的激素。（　　）

6. 创业者定期地进行心理咨询和辅导并不能缓解紧张心理、减轻工作压力对心理和行为的消极影响。（　　）

7. 无论胜败输赢都是暂时，从成功与失败中获得新的长进与发展并不是通过竞争所得到的真正收获。（　　）

8. 无论胜败输赢都是暂时，从成功与失败中获得新的长进与发展才是通过竞争所得到的真正收获。（　　）

9. 一般来说，工作负荷很难改变，但如果组织气氛融洽、人际关系良好，则会对压力

感起到缓解作用。（　）

10. 一般来说，工作负荷很难改变，如果组织气氛融洽、人际关系良好，反而会对个人压力感起到加强作用。（　）

11. 并非任何一种需要人们做出自我调节或重新适应的情况都会引发压力，只有各类麻烦与危机问题的出现才会给人带来或大或小的压力。（　）

12. 任何一种需要人们做出自我调节或重新适应的情况都会引发压力，因而各类麻烦与危机问题的出现势必会给人带来或大或小的压力。（　）

13. 因工作方面的要求与需要，使得家庭生活质量受到不良影响，是工作—家庭冲突压力的表现；因家庭方面的原因影响了工作任务的完成，不是工作—家庭冲突压力的表现。（　）

14. 因工作方面的要求与需要，使得家庭生活质量受到不良影响，或者因家庭方面的原因影响了工作任务的完成，都是工作—家庭冲突压力的表现。（　）

15. 危机已经成为一种非自然的现象，它是今日社会异常的、罕见的、任意的或者外围的特征，危机根植于今日社会的经纬之中。（　）

16. 周密和完善的危机预防和危机处理措施也不可能使企业防患于未然，将危机爆发的可能性降低到最低限度或将其消灭在萌芽状态。（　）

17. 只要创业者有敏锐的洞察力，能根据日常收集到的各方面信息对可能面临的危机进行预测，及时做好预警工作，并采取有效的防范措施，完全可以避免危机的发生或使危机造成的损害和影响尽可能减少。（　）

18. 即使创业者有敏锐的洞察力，能根据日常收集到的各方面信息对可能面临的危机进行预测，及时做好预警工作，并采取有效的防范措施，也不可能避免危机的发生或使危机造成的损害和影响尽可能减少。（　）

19. 危机处理的首要任务是保护企业经济资产，其次是修复因危机所造成的受损形象，并希望通过危机处理影响公众对危机以及企业在危机事件中所应负责任的看法。（　）

20. 危机处理的首要任务是保护企业形象，修复因危机所造成的受损形象，并希望通过危机处理影响公众对危机以及企业在危机事件中所应负责任的看法。（　）

21. 企业危机是无法预测和控制的，企业能够做的只是事后补救。（　）

22．企业危机是无法预测和控制的，企业能够做的只是事后补救的想法是不对的。（　　）

23．企业的危机无处不在，并时时威胁着企业的健康发展，作为新创企业的管理者和经营者，在贯彻发展制度的同时，还应充分意识到危机管理对企业的重要意义，建立一套适合自身企业发展的危机管理体系。（　　）

24．危机发生后，首先将企业的利益置于首位。（　　）

二、单项选择题（选择一个正确的答案，将相应的字母填入题内的括号中）

1．创业者自身危机是创业中面临的各方面的压力所引发的企业危机，是（　　）。

A．自身面临的工作负荷、人际关系、职业发展、管理职责、工作与家庭平衡等各方面压力引发的创业危机

B．自身引发的生活危机

C．危及企业声誉、形象和生存的突发性、灾难性事故和事件

D．地震、洪水、海啸等自然灾害带来的危机

2．工作与家庭平衡压力中，（　　）是工作与家庭生活冲突中最显而易见的一种。

A．创新企业绩效压力　　B．决策的压力

C．时间上的冲突　　D．处理和应对突发事件的压力

3．创业者定期地进行心理咨询和辅导可以（　　）。

A．缓解紧张心理

B．减轻工作压力对心理和行为的消极影响

C．宣泄一下情绪

D．缓解紧张心理和减轻工作压力对心理和行为的消极影响

4．面对激烈的竞争，创业者需学会（　　）。

A．适应竞争　　B．驾驭竞争

C．从竞争中收获经验　　D．以上各项都正确

5．创业者在创业过程中应当（　　）。

A．善于与同事合作　　B．关心帮助他人

C．宽容待人，真诚待人　　D．以上各项都正确

6. 创业者在创业过程中遇到新问题时，应当（　　）。

A. 以积极的态度面对困难与问题

B. 冷静理智地分析问题产生的原因与解决的对策

C. 正确解决工作中遇到的麻烦与危机

D. 以上各项都正确

7. 创业者可以适当调整工作负担，调整工作方式和方法，调适心理情绪，（　　），使得两者相互协调彼此促进。

A. 多与家人沟通交流　　B. 争取家庭的理解与支持

C. 平衡创业事业与家庭的关系　　D. 以上各项都正确

8. 预防危机首先要强化（　　）。

A. 危机意识　　B. 日常生产

C. 跳出既定思维模式束缚　　D. 企业不利因素及时研究对策

9. 真诚沟通原则是企业危机处理的“5S”原则之一，包括（　　）。

A. 让公众可以得到信息　　B. 企业要有意愿地透露相关信息

C. 要真挚、诚实地应对　　D. 以上各项都正确

10. 英国危机公关专家的著名“3T”原则就是针对坦诚沟通原则而言的，包括（　　）。

A. 提供真实情况　B. 尽快提供情况　C. 提供全部情况　D. 以上各项都正确

11. 企业有危机并不可怕，重要的是（　　），成为企业发展的催化剂。

A. 建立危机管理小组，统筹危机管理

B. 迅速反应，变被动为主动

C. 将危机变为机遇

D. 以上各项都不正确

文体与写作

一、判断题（将判断结果填入括号中。正确的填“√”，错误的填“×”）

1. 创业计划书涉及的主要内容就是创业项目本身的专业领域。（　　）

2．创业计划书撰写的过程是创业者对各方面综合考量的过程。（　）

3．创业计划书的读者包括创业企业内部人员和外部相关利益者，他们的目的是一样的。（　）

4．创业计划书在撰写的过程中应站在不同的角度考虑问题。（　）

5．撰写一份详尽的创业计划书所需的时间、精力和市场调查研究，将帮助提升创业者的信心，对新企业有更感性的评价。（　）

6．创业计划书所包含的产业、市场以及财务等方面的分析，将使创业者更加全面、清醒地审视新企业。（　）

7．创业计划书为投资者提供有关市场潜力及获得市场份额的信息。（　）

8．外部的潜在投资者有自己的投资评价标准，很难通过创业计划书来增强其对项目的信心。（　）

9．创业计划书封面上最重要的信息是项目名称。（　）

10．创业者应确保联系方式的准确与畅通，以免错过获得投资的机会。（　）

11．创业计划书的阅读者可以不经过创业团队的同意向第三方透露有关内容。（　）

12．创业计划书中涉及的商业秘密或技术细节若随意披露可能影响企业的创办。（　）

13．目录的页码应与内容一致，以便于查阅。（　）

14．创业计划书不需要编写目录。（　）

15．创业计划书的形式和内容都是差不多的。（　）

16．创业计划书的篇幅会根据实际需要从几页纸到几十页不等。（　）

17．为规避商业机密的泄露，市场调研数据、专利证书影印件、合同协议等都不应出现在创业计划书中。（　）

18．附录是对正文中涉及的相关数据、资料的补充。（　）

19．执行总结主要是为了让阅读者能够在较短的时间内了解该计划并做出评判。（　）

20．执行总结就是个简单的摘要，一般阅读者不会特别注意。（　）

21．对于一些专业性较强的产品或技术，应尽量使用专业术语，让具有专业技术背景的

阅读者清晰易懂。（　　）

22．应该首选当前有着丰厚盈利预期的行业，即使竞争激烈也应该积极应对。（　　）

23．项目背景是创业计划书的根基，之后的企业战略、营销策略、财务分析等部分都是在此基础上做出的假设与预测。（　　）

24．投资者主要投资的是项目而非团队。（　　）

25．初创型的企业一般获得大额债权性的融资难度较大。（　　）

26．投资者认可创业项目后一般均一次性投资到位。（　　）

27．投资者关注的投资收益和风险需要量化呈现以进行横向对比。（　　）

28．由于创业计划书中的财务预测只是模拟分析，其结论对投资决策意义不大。（　　）

29．投资者不希望看到投资风险，因此创业计划书中应尽量回避谈及风险。（　　）

30．风险分析得越多越透彻，投资者的投资信心越低。（　　）

31．以不同形式投资的投资者关注的角度都是一样的。（　　）

32．以股权形式投资的投资者通过企业分红的方式获得预期的回报。（　　）

33．投资者会在创业计划书中找到直接拒绝提供投资的理由。（　　）

34．创业者决定了项目的成败与否，因此必须拥有企业的控股权。（　　）

35．创业项目的选择应考虑市场的空白点或竞争不太激烈的领域。（　　）

36．应该根据企业掌握的技术为导向，根据自身的生产能力来提供和销售产品。（　　）

二、单项选择题（选择一个正确的答案，将相应的字母填入题内的括号中）

1．以下描述正确的是（　　）。

A．创业计划书只是对前期筹备工作的总结

B．创业计划书需要揭示必要的风险

C．创业计划书主要是企业创办审批时所用

D．创业计划书就是对企业未来的规划

2．以下描述错误的是（　　）。

A．董事会成员关注创业计划书设立的发展目标，并以此评价管理团队的业绩

B. 创业团队关注各自的权力与义务，保护自身和企业的发展

C. 供应商关注产品或服务能否满足需要，价格是否合适

D. 潜在投资者关注项目的商业模式、盈利前景、股权结构等

3. 创业计划书对创业者的作用中，以下描述正确的是（　　）。

A. 帮助提升创业者的信心，对新企业有更感性的评价

B. 使创业者更全面、清醒地审视新企业预期成就与现实之间的差距

C. 只能为预测估算与实际结果作定性的对比

D. 要求创业团队知识、经验丰富，确保创业计划书的准确无误

4. 创业计划书对投资者的作用中，以下描述不正确的是（　　）。

A. 提供了确切的资源需求

B. 规避了风险的预估和应对

C. 提供了相关市场的信息

D. 展示了企业未来的偿债和盈利能力

5. 以下描述正确的是（　　）。

A. 创业计划书的封面必须要有企业的徽标（logo）

B. 创业计划书封面最重要的信息是项目名称

C. 创业者的联系方式应该确保正确与畅通

D. 创业计划书的封面应尽量美观考究

6. 创业计划书中的保密要求由（　　）提出。

A. 投资者　　B. 创业者　　C. 供应商　　D. 客户

7. 创业计划书的目录中不包括（　　）。

A. 主要章节　　B. 附录　　C. 联系方式　　D. 页码

8. 一般情况下，一份详细的商业计划书的正文会有（　　）个部分。

A. 8　　B. 9　　C. 10　　D. 11

9. 常见的退出方式不包括（　　）。

A. IPO　　B. MBO　　C. MPO　　D. 清算

10. 以下不是财务分析与预测的内容的是（　　）。

A．关键的财务假设　　B．会计报表

C．财务分析　　D．财务风险防范

11．以下描述正确的是（　　）。

A．撰写创业计划书时应尽量回避谈及风险

B．风险分析过多会降低投资者的投资信心

C．缺乏对项目风险的分析一定是刻意的隐瞒

D．再好的项目也会有风险

12．以债权性质投资的投资者会着眼于创业者的“4C”，不包括（　　）。

A．角色　　B．成本　　C．抵押品　　D．现金流

13．以下描述正确的是（　　）。

A．创业时可以借用或者模仿他人的专利

B．创业者必须确保对企业的控股权

C．创业初期团队成员可以只发基本的生活费

D．财务预测应尽量乐观以提高投资者的投资信心

14．在创业计划书的撰写原则上，以下描述不正确的是（　　）。

A．产品、服务的设计不能简单地模仿

B．应专注于自己的产品或技术

C．应从不同角度全面思考创业的相关方面

D．应考虑潜在的风险并制定应对预案

政策与法规

一、判断题（将判断结果填入括号中。正确的填“√”，错误的填“×”）

1．根据企业从业人员、营业收入、资产总额等指标，中小企业划分为中型、小型、微型三种类型。（　　）

2．零售业从业人员10人以下或营业收入500万元以下的为微型企业。（　　）

3．微小型企业类型的划分以统计部门的统计数据为依据。（　　）

4. 微小型企业类型的划分标准适用于在中华人民共和国境内依法设立的各类所有制和各种组织形式的企业。（　　）

5. 完善财政资金支持政策，中小企业专项资金要体现政策导向，增强针对性、连续性和可操作性，突出资金使用重点，向小型微型企业和中西部地区倾斜。（　　）

6. 政府采购支持小型微型企业发展，负有编制部门预算职责的各部门，应当安排不低于年度政府采购项目预算总额38%的份额专门面向小型微型企业采购。（　　）

7. 为了支持小型微型企业发展，银行业金融机构对小型微型企业贷款的增速不低于全部贷款平均增速，增量高于上年同期水平，对达到要求的小金融机构继续执行较低存款准备金率。（　　）

8. 强化小金融机构主要为小型微型企业服务的市场定位，创新金融产品和服务方式，优化业务流程，提高服务效率。（　　）

9. 国家建立小型微型企业管理咨询服务制度，但不支持管理咨询机构和志愿者面向小型微型企业开展管理咨询服务。（　　）

10. 提高质量管理水平，大力推广先进的质量管理理念和方法，严格执行国家标准和出口国标准。（　　）

11. 有限责任公司的股东以其出资额为限对公司承担责任，公司以其全部资产对公司的债务承担责任。（　　）

12. 有限责任公司股东会对公司增加或者减少注册资本、分立、合并、解散或者变更公司形式作出决议，必须经代表二分之一以上表决权的股东通过。（　　）

13. 有限责任公司股东的全部出资经法定的验资机构验资后，由全体股东指定的代表或者共同委托的代理人向公司登记机关申请设立登记，提交公司登记申请书、公司章程、验资证明等文件。（　　）

14. 有限责任公司在登记后，股东出于公司经营需要可以适当地抽回出资。（　　）

15. 合伙企业是指依照《合伙企业法》在我国境内设立的由各合伙人订立合伙协议、共同出资、合伙经营、共享收益、共担风险，并对合伙企业债务承担有限连带责任的营利性组织。（　　）

16. 合伙企业在其名称中不得使用“有限”或者“有限责任”字样。（　　）

17. 设立合伙企业，应当有书面合伙协议。（ ）

18. 设立合伙企业，应当有两个以上合伙人，并且都是依法承担有限责任者。（ ）

19. 合伙人可以用劳务出资，其评估办法由全体合伙人协商确定。（ ）

20. 合伙企业在领取营业执照前，合伙人在特殊情况下可以合伙企业名义从事经营活动。（ ）

21. 享受本市支持和促进就业有关税收优惠政策的符合条件企业包括商贸企业（除广告业、房屋中介、典当、桑拿、按摩、氧吧外）、服务型企业、街道社区具有加工性质的小型企业实体。（ ）

22. 本市对享受税收优惠政策的企业实行年度检查制度，年检工作由人力资源社会保障部门和税务机关共同负责。（ ）

23. 创业教育人数是指中高等职业教育在校学生参加创业教育不少于180学时的学生人数。（ ）

24. 帮助成功创业人数，是指各级政府和相关部门通过政策扶持或创业服务，帮助劳动者在本市成功开办小微企业、个体工商户、农民专业合作社、民办非企业单位等各种创业组织的人数。（ ）

25. 上海市扶持创业场地房租补贴对象是：在本市注册登记（认定）18个月以内的小企业（不包括劳务派遣公司）、个体工商户、农民专业合作社、民办非企业单位和非正规就业劳动组织。（ ）

26. 上海市扶持创业场地房租补贴金额根据创业组织当年实际吸纳本市失业、协保人员和农村富余劳动力的人数和当年度从业人员人均房租确定，不设最高额。（ ）

27. 创业前小额贷款担保贴息申办应是借款人凭相关材料，自贷款到期之日起三个月内，向贷款银行提出贴息申请。（ ）

28. 本市高校非上海生源毕业生申请开业贷款担保的，申请人应提供第三方的个人信用反担保。（ ）

29. 上海市扶持创业社会保险费补贴申请条件是初创期创业组织吸纳经各级人力资源和社会保障部门认定的就业困难人员，与其签订一年及以上期限的劳动合同并按相关规定为其缴纳社会保险。（ ）

30. 上海市扶持创业社会保险费补贴期限应在创业期内，最长不超过 24 个月。（　　）

二、单项选择题（选择一个正确的答案，将相应的字母填入题内的括号中）

1. 软件和信息技术服务业从业人员（　　）人及以上，且营业收入 50 万元及以上的为小型企业。

A. 50　　B. 30　　C. 20　　D. 10

2. 从业人员（　　）人以下或营业收入 100 万元以下的零售业为微型企业。

A. 2　　B. 10　　C. 20　　D. 50

3. 完善财政资金支持政策，中小企业专项资金要体现政策导向，增强针对性、连续性和（　　）性，突出资金使用重点，向小型微型企业和中西部地区倾斜。

A. 可操作　　B. 安全性　　C. 增值型　　D. 保值性

4. 严格限制金融机构向小型微型企业收取财务顾问费、咨询费等费用，清理纠正金融服务（　　）收费。

A. 超额　　B. 合法　　C. 合理　　D. 不合理

5. 统筹安排产业集群发展用地，对创办（　　）年内租用经营场地和店铺的小型微型企业，符合条件的，给予一定比例的租金补贴。

A. 一　　B. 二　　C. 三　　D. 四

6. 以商业零售为主的有限责任公司的注册资本不得少于（　　）元最低限额。

A. 30 万　　B. 50 万　　C. 80 万　　D. 100 万

7. 有限责任公司的股东向股东以外的人转让其出资时，必须经过（　　）股东同意。

A. 三分之一　　B. 二分之一　　C. 三分之二　　D. 全体

8. 合伙协议应当依法由（　　）合伙人协商一致，以书面形式订立。

A. 三分之一　　B. 二分之一　　C. 三分之二　　D. 全体

9. 合伙企业的合伙人应当为具有（　　）民事行为能力的人。

A. 无所谓　　B. 无　　C. 完全　　D. 备份

10. 合伙协议应当载明的事项有（　　）。

A. 合伙企业的名称和主要经营场所的地点

B. 合伙目的和合伙企业的经营范围

C．合伙人出资的方式、数额和缴付出资的期限

D．以上各项都正确

11．企业年度减免税总额的计算公式为：企业年度减免税总额 = $\sum$每名失业人员本年度在本企业实际工作月份/12 ×（　　）元。

A．1 200　　B．2 400　　C．3 600　　D．4 800

第4部分

创业实训过程考核方案

一、过程考核说明

模拟公司创业实训重在培养学员的创业精神，提升学员的创业技能，增强工作能力和综合管理能力。

引导学员演练新企业创办与企业经营系列任务与活动。学员以“员工”的角色“上班”，其工作场所是按公司的经营范围和业务流程设立的模拟公司。

一方面学员通过模拟公司不同岗位的训练，能够熟悉企业运作流程、岗位设置与要求，掌握基本工作技能，从而提高学员的学习能力、思考能力、实践能力、应聘能力、适应能力、解决问题能力等。

另一方面通过完成各项实训任务，让学员亲身体验营销、团队、规划、采购、谈判、管理、产品、资本、财务等方面的创业操作过程，培养学员团队管理能力、市场调研能力、营销能力、谈判能力、资源整合能力等。

创业实训重在创业就业能力的培养，所以对创业实训的考核，以实训过程考核为门槛、能力考核为主要方式，以激发学员兴趣、开拓学员视野、培养学员综合素质为目的进行开放式全程化的考核。

二、过程考核原则

1. 客观公正综合评定。

2. 过程与效果相结合。

3．团队与个人相结合。

三、过程考核要素

1．模拟公司考核

项目路演——以团队展示的形式介绍项目的整体情况，涉及项目定位、理念、运营等内容，完整、清晰地展示项目全貌。

2．学员个人考核

（1）模拟公司考核成绩——学员所在模拟公司团队的考核成绩。

（2）考勤成绩——学员个人的实训出勤情况，主要是对迟到、早退、请假、旷课等现象进行管理。

（3）实训表现——学员个人在实训过程中的表现，包括认真积极参与实训，对个人任务勇于承担并积极完成，模拟公司成员密切配合、有效沟通，对团队工作有积极的工作贡献、提出有益的意见或建议等。

（4）平台任务——根据实训要求，完成项目在实训平台中的相关实岗上的操作任务。

四、过程考核评估

实训学员考核评估以 100 分制为基础，在实训过程及效果方面按项目进行考核。最终对学员个人过程考核。

实训学员过程考核

考核项目	所占比例	考核要求	考核说明
模拟公司成绩	30%	所在模拟公司项目路演完成，并充分展示项目特色及经营理念	由实训师和现场考评人员对公司项目路演进行综合评估
学员实训表现	30%	根据实训过程中的出勤考核要求	根据全程实训的出勤情况确定
		学员实训过程的表现评价	由学员所在模拟公司总经理和班级实训师综合考核
实训平台任务	40%	实训平台学习进度完成率	实训管理系统平台课时统计数据
合计	100%	根据学员个人过程考核结果，评选出本班级实训优秀学员	

注：根据过程考核结果，可颁发创业实训优秀团队和优秀个人荣誉证书及其他奖励。

1. 模拟公司成绩

<table>
<tr><td>班级编号</td><td colspan="2"></td><td colspan="2">实训周期</td><td colspan="4">年　　月　　日—　　年　　月　　日</td></tr>
<tr><td rowspan="2">模拟公司信息</td><td>公司名称</td><td colspan="3"></td><td>总经理</td><td colspan="3"></td></tr>
<tr><td>公司员工</td><td colspan="7"></td></tr>
<tr><td colspan="2" rowspan="2">评价项目及标准</td><td rowspan="2">结果描述</td><td colspan="6">分数</td></tr>
<tr><td>10</td><td>8</td><td>6</td><td>4</td><td>2</td><td>0</td></tr>
<tr><td colspan="9">实训演练</td></tr>
<tr><td colspan="2">分工合理，成员职责明确</td><td></td><td></td><td></td><td></td><td></td><td></td><td></td></tr>
<tr><td colspan="2">团队配合协作</td><td></td><td></td><td></td><td></td><td></td><td></td><td></td></tr>
<tr><td colspan="2">任务完成及时有效</td><td></td><td></td><td></td><td></td><td></td><td></td><td></td></tr>
<tr><td colspan="9">项目路演</td></tr>
<tr><td colspan="2">路演准备及 PPT 制作</td><td></td><td></td><td></td><td></td><td></td><td></td><td></td></tr>
<tr><td colspan="2">成员展示与介绍</td><td></td><td></td><td></td><td></td><td></td><td></td><td></td></tr>
<tr><td colspan="2">市场分析与项目定位</td><td></td><td></td><td></td><td></td><td></td><td></td><td></td></tr>
<tr><td colspan="2">资金筹集及管理</td><td></td><td></td><td></td><td></td><td></td><td></td><td></td></tr>
<tr><td colspan="2">项目运营策略合理</td><td></td><td></td><td></td><td></td><td></td><td></td><td></td></tr>
<tr><td colspan="2">项目风险分析及对策</td><td></td><td></td><td></td><td></td><td></td><td></td><td></td></tr>
<tr><td colspan="2">项目整体分析</td><td></td><td></td><td></td><td></td><td></td><td></td><td></td></tr>
<tr><td colspan="3">考评分数合计（100 分）</td><td colspan="6"></td></tr>
<tr><td colspan="9">考核意见与成绩评定</td></tr>
<tr><td colspan="9">优秀团队推荐　是□　　否□

实训师签字：
年　　月　　日</td></tr>
</table>

评分标准

- 10 分：能够准确无误地展示各相关模块的相关内容，流畅性、准确性及相关细节体现得好。
- 8 分：能够较好地展示各相关模块的相关内容，流畅性、准确性及相关细节体现得较好。
- 6 分：能够清楚地展示各相关模块的相关内容，但流畅性、准确性及相关细节体现不够。
- 4 分：不能够清楚展示各相关模块所要展示的内容，流畅性、专注性及准确性上有较大的失误。
- 2 分：不能够顺利展示各相关模块所要展示的内容，逻辑性、流畅性、准确性都不能够正常地体现。
- 0 分：出现重大事故或问题，不能够参加企业项目展示或相关内容存在抄袭的嫌疑均不给分。

2. 学员实训表现——实训师

<table>
<tr><td>学员姓名</td><td colspan="2"></td><td colspan="2">班级编号</td><td colspan="4"></td></tr>
<tr><td rowspan="2">模拟公司信息</td><td>公司名称</td><td colspan="7"></td></tr>
<tr><td>模拟公司岗位</td><td colspan="3"></td><td>实训师</td><td colspan="3"></td></tr>
<tr><td colspan="2" rowspan="2">评价项目及标准</td><td rowspan="2">结果描述</td><td colspan="6">分数</td></tr>
<tr><td>10</td><td>8</td><td>6</td><td>4</td><td>2</td><td>0</td></tr>
<tr><td colspan="9">学员实训表现</td></tr>
<tr><td colspan="2">培训出勤</td><td></td><td></td><td></td><td></td><td></td><td></td><td></td></tr>
<tr><td colspan="2">模拟公司岗位工作完成情况</td><td></td><td></td><td></td><td></td><td></td><td></td><td></td></tr>
<tr><td colspan="2">模拟公司经营参与度</td><td></td><td></td><td></td><td></td><td></td><td></td><td></td></tr>
<tr><td colspan="2">与团队成员沟通协作</td><td></td><td></td><td></td><td></td><td></td><td></td><td></td></tr>
<tr><td colspan="2">培训学习的创新能力</td><td></td><td></td><td></td><td></td><td></td><td></td><td></td></tr>
<tr><td colspan="3">考评分数合计（50 分）</td><td colspan="6"></td></tr>
<tr><td colspan="9">考核意见</td></tr>
<tr><td colspan="9">

实训师签字：
年 月 日</td></tr>
</table>

3. 学员实训表现——模拟公司总经理

<table>
<tr><td>学员姓名</td><td colspan="2"></td><td colspan="3">班级编号</td><td colspan="4"></td></tr>
<tr><td rowspan="2">模拟公司信息</td><td>公司名称</td><td colspan="8"></td></tr>
<tr><td>模拟公司岗位</td><td colspan="3"></td><td colspan="2">培训教师</td><td colspan="3"></td></tr>
<tr><td colspan="2" rowspan="2">评价项目及标准</td><td rowspan="2">结果描述</td><td colspan="6">分数</td><td></td></tr>
<tr><td>10</td><td>8</td><td>6</td><td>4</td><td>2</td><td>0</td><td></td></tr>
<tr><td colspan="10">学员实训表现</td></tr>
<tr><td colspan="2">培训出勤</td><td></td><td></td><td></td><td></td><td></td><td></td><td></td><td></td></tr>
<tr><td colspan="2">模拟公司岗位工作完成情况</td><td></td><td></td><td></td><td></td><td></td><td></td><td></td><td></td></tr>
<tr><td colspan="2">模拟公司经营参与度</td><td></td><td></td><td></td><td></td><td></td><td></td><td></td><td></td></tr>
<tr><td colspan="2">与团队成员沟通协作</td><td></td><td></td><td></td><td></td><td></td><td></td><td></td><td></td></tr>
<tr><td colspan="2">培训学习的创新能力</td><td></td><td></td><td></td><td></td><td></td><td></td><td></td><td></td></tr>
<tr><td colspan="3">考评分数合计（50 分）</td><td colspan="7"></td></tr>
<tr><td colspan="10">考核意见</td></tr>
<tr><td colspan="10">实训师签字：
年　　月　　日</td></tr>
</table>

评分标准

- 10 分：出勤率达到 100%，岗位工作能独立并按时、保质保量完成，参与模拟公司经营全过程，团队协作、学习创新能力强。
- 8 分：出勤率达到 85% 以上，岗位工作能独立并按时完成，参与模拟公司经营全过程，能团队协作，能掌握培训学习的内容。
- 6 分：出勤率达到 70% 以上，岗位工作基本能完成，参与模拟公司经营过程。
- 4 分：出勤率达到 60% 以上，岗位工作能完成 80%，参与模拟公司经营过程。
- 2 分：出勤率达到 40% 以上，岗位工作能完成 50%，参与模拟公司经营过程。
- 0 分：出勤率 40% 以下，不参与岗位工作，不参与模拟公司经营过程。

4．班级学员实训平台任务

班级编号			实训周期				
序号	姓名	身份证号	班级名称	地区	总学时	已完成学时	完成比例
1							
2							
3							
4							
5							
6							
7							
8							
9							
10							
11							
12							
13							
14							
15							
16							
17							
18							
19							
20							
21							
22							
23							
24							

注：本表格可由实训管理系统自动生成。

5. 实训学员过程考核评分表（汇总）

<table>
<tr><td>班级编号</td><td colspan="2"></td><td>实训周期</td><td colspan="2">年　月　日—　年　月　日</td></tr>
<tr><td rowspan="2">学员信息</td><td>姓名</td><td></td><td>所在模拟公司</td><td colspan="2"></td></tr>
<tr><td>性别</td><td></td><td>岗位及职责</td><td colspan="2"></td></tr>
<tr><td colspan="6">考评成绩记录</td></tr>
<tr><td></td><td colspan="2">考评项目</td><td>考核结果</td><td>本项分数</td><td>备注说明</td></tr>
<tr><td>总经理填写</td><td colspan="2">学员整体实训表现</td><td></td><td></td><td>满分 50 分</td></tr>
<tr><td rowspan="4">实训师/教务人员填写</td><td colspan="2">学员整体实训表现</td><td></td><td></td><td>满分 50 分</td></tr>
<tr><td colspan="2">学员实训表现（30%）</td><td></td><td></td><td>汇总总经理和实训师的分值</td></tr>
<tr><td colspan="2">实训平台任务（40%）</td><td></td><td></td><td></td></tr>
<tr><td colspan="2">模拟公司成绩（30%）</td><td></td><td></td><td></td></tr>
<tr><td colspan="4">考评分数合计（100 分）</td><td colspan="2"></td></tr>
<tr><td colspan="6">考核意见与成绩评定</td></tr>
<tr><td colspan="6">优秀个人推荐　是□　　否□

实训师签字：
年　月　日</td></tr>
</table>

注：相关成绩填写人员可通过实训过程记录文件整理或从相关负责人员处获得。

五、创业计划书编制

1. 创业计划书编号

创业计划书编号规则：创业计划书的首字母—院校（培训机构简称）—年份—班级标号，例如 cyjhs - jtdx - 2014 - 041，“jtdx” 表示交通大学，“2014” 表示年份，041 表示班级序号。

2. 创业计划书要求

总体要求：创业计划书应明确分析创办企业的内部和外部资源，预测创办企业内部竞争优势和外部竞争威胁、后续经营过程中可能遇到的问题和经营效果。因此，创业计划书的制订过程本身也是创业者系统地梳理创业思路、进行自我评价的一个过程。

当创办企业的创业计划书成为一套比较完整的计划而被确认时，它就能为创办企业的运营管理提供工作指南和行动纲领。这种事先的行为规范对保证创办企业初期的顺利运作具有重要的作用。

创业计划书为创办企业的发展制定比较详细的经营目标和方向，对投资者和合伙人来说，它是判断是否进行投资、承担投资失败风险的必要书面评估资料。对于政府官员、供应商和内部员工，创业计划书描绘了创办企业的经营范围和经营方向。它又是一种有效的沟通工具，鼓励创业者为实现创业企业的目标而奋斗。

创业计划书是创业者精心制订的，是针对企业未来的。因此，它就成了约束创业者经营行为的书面规范，通过对后续经营效果进行评价，也可以评价创业者的项目规划能力和执行能力。

（1）执行摘要。通过公司概况、资金注册、盈利模式、投资收益的描述来明确公司的法律形态，所从事的经营范围及产品/服务概况，展现什么样的市场机会，通过哪样模式来获取利润，并能计算出大概的投资收益。

（2）市场分析。描述目标客户，陈诉市场情况分析结果，包括市场的需求规模、供应、竞争对手状况、预期市场占有率等；对项目市场分析进行 SWOT 分析，并指出项目的风险及对策。

（3）营销策略。说明产品价格和定价策略，以及产品的主要销售渠道和宣传推广方式。

（4）人员与组织架构。介绍拟创办企业的概况、部门及岗位设置、企业合伙人（出资人）、经营选址及企业注册登记方面的信息。

（5）财务分析报告。列述企业的开办费用，包括生产经营所需的设备、工具和家具的购置款，以及原材料采购计划、其他经营费用、资金筹集和使用计划。

（6）月利润预测。列述和计算出企业经营第一年在正常盈利状态下能够达到的月销售收入预测，以及月销售成本和净收入预测、盈亏平衡点（保本点）。

（7）风险分析与对策。列述创办企业过程中可能遇见的相关风险，如政策风险、行业风险、市场风险、技术风险、资金风险、管理风险、环境风险等，通过对相关风险的解读及相对应的应对措施来验证所创办企业的抗风险能力。

（8）企业的愿景。企业对事业未来的愿望和组织发展蓝图的规划，含时间、地域、行业、地位等。

3. 模板

见附件。

4. 评价计划书要点

（1）执行摘要要求

1）公司背景及现状介绍清楚。

2）公司市场定位准确。

3）形象设计及创业理念出色。

4）全盘战略目标合理、明确。

5）简明扼要，能有效概括整个计划。

6）具有鲜明的个性，具有吸引力。

7）有明确的思路和目标。

8）能突出自身特有的优势。

（2）市场分析（产品或服务）要求

1）对市场份额及市场走势预测合理。

2）描述详细、清晰。

3）对产品或服务前景判断合理、准确。

4）特点突出，有较高的商业价值。

5）需求分析合理。

6）市场竞争状况及各自优势认识清楚，分析透彻。

（3）营销策略要求

1）对经营难度和资源要求分析准确。

2）成本及定价合理。

3）营销渠道通畅。

4）促销方式有效，具有吸引力。

5）有创新商业模式。

（4）团队要求

1）团队成员具有相关的教育背景及工作经历。

2）能力互补及分工。

3）组织机构严谨。

（5）财务状况要求

1）列出关键财务因素、财务指标和主要财务报表。

2）财务报表清晰明了，且能有效揭示财务绩效。

3）财务计划及相关指标合理准确。

（6）融资方案和投资收益要求

1）列出资金结构及数量，估计全面。

2）合理融资需求、渠道。

3）利益分配方式、投资回报率、可能的退出方式等。

（7）关键风险和应对要求

1）对风险和问题认识深刻、估计充分。

2）解决方案合理有效。

（8）公司战略发展要求

商业目的明确、合理。

（9）创业计划表述要求

专业用语运用准确；表述简洁清晰、少有冗余。

附件　创业/商业计划书模板

创业/商业计划书

公司名称：______________________

所属院校：______________________

指导老师：______________________

【主联系人】
【职　　务】
【电话号码】
【传真号码】
【电子邮件】
【地　　址】
【邮政编码】

日期：　　年　　月　　日

保密须知

本《创业/商业计划书》内容属商业机密，所有权属于本公司，其所涉及的内容和资料只限于贵公司投资我公司使用。请贵公司收到本《创业/商业计划书》后，在 7 个工作日内予以回复，确认立项与否。贵公司如接收本《创业/商业计划书》，即为承诺同意遵守以下条款：

1. 若贵公司不希望涉足本《创业/商业计划书》所述项目，请按上述地址尽快将本《创业/商业计划书》完整退回。

2. 未经本公司许可，贵公司不得将本《创业/商业计划书》的内容全部或部分地透露给他人。

3. 贵公司应该将本《创业/商业计划书》作为机密资料保存。

其他事项说明

本《创业/商业计划书》所涉及的内容均可具体协商。

本《创业/商业计划书》系学员完成模拟公司创业实训的学习成果。仅涉及第一年的经营分析与预测，不作为实际商业融资依据。

目　录

1.0 执行摘要

1.1 公司概况

公司名称	________________________________模拟公司
公司类型	□有限责任公司 □个体工商户 □个人独资企业 □合伙企业 □其他________（打√选择）
注册地址	
主要经营范围	*（注：本《创业/商业计划书》中所有斜体部分，只起说明作用，填写时请都删除）* *经营范围是指国家允许企业法人生产和经营的商品类别、品种及服务项目，反映企业法人业务活动的内容和生产经营方向，是企业法人业务活动范围的法律界限，体现企业法人民事权利能力和行为能力的核心内容。需核实经营项目是否符合工商部门规范（与营业执照一致）。*
产品/服务概况	*一段概述的文字描述经营项目的创意来源与可行性，突出产品与服务的新颖性、独特性和可行性*
市场机会	*已经出现或即将出现在市场上，但未得到实现或完全实现的市场需求*

1.2 注册资金

2014 年新公司法放宽注册资本登记条件。除对公司注册资本最低限额有另行规定的以外，取消了有限责任公司、一人有限责任公司、股份有限公司最低注册资本分别应达3 万元、10 万元、500 万元的限制；不再限制公司设立时股东（发起人）的首次出资比例以及货币出资比例。

1.3 商业模式（盈利模式）

客户是谁？卖什么产品或服务给客户？为客户带来什么价值？竞争壁垒是什么？

此部分也可以谈谈企业的营利渠道，即企业从哪里获得收入，获得收入的形式有哪几种。

－1－

1.4 投资收益评价

<table>
<tr><td>总投资额（元）</td><td></td><td colspan="3">投资收益率（第一年）</td><td>%</td></tr>
<tr><td rowspan="3">预期净利润
（税后利润）</td><td rowspan="2">第一年</td><td colspan="2">第二年</td><td colspan="2">第三年</td></tr>
<tr><td>年增长率</td><td>%</td><td>年增长率</td><td>%</td></tr>
<tr><td></td><td colspan="2"></td><td colspan="2"></td></tr>
<tr><td rowspan="3">备注</td><td colspan="5">投资收益率 = 净利润 ÷ 总投资额 × 100%</td></tr>
<tr><td colspan="5">预期净利润—第一年：见经营第一年利润表</td></tr>
<tr><td colspan="5">此表中“总投资额”项的金额等于资金需求合计</td></tr>
</table>

2.0 市场分析

2.1 市场定位与目标客户

市场定位	*1. 产品定位：侧重于产品实体定位质量、成本、特征、性能、可靠性、适用性、款式* *2. 竞争定位：确定企业相对于竞争者的市场位置* *3. 消费者定位：确定企业的目标顾客群，指出你究竟想要把产品卖给谁？*
目标客户	*可以按照客户年龄、地域、收入、偏好、消费习惯等分类*

2.2 市场预测（市场占有率）

在已简述“市场机会”的基础上，着重分析市场容量等市场需求情况及其变化趋势

2.3 竞争分析

列出在本公司目标市场当中的1～3 个主要竞争者；分析竞争者的优势和劣势

–2 –

2.4 项目 SWOT 分析

优势 (Strengths)	*针对本公司创业项目，从产品/服务特色、技术、价格、销售渠道、营销手段、资金、团队、无形资产等方面阐述*
劣势 (Weaknesses)	*针对本公司创业项目，从产品/服务特色、技术、价格、销售渠道、营销手段、资金、团队、无形资产等方面阐述*
机遇 (Opportunities)	*针对本公司创业项目，从政策、市场竞争、行业、潜在竞争、经济环境五个方面阐述*
威胁 (Threats)	*针对本公司创业项目，从政策、市场竞争、行业、潜在竞争、经济环境五个方面阐述*

3.0 营销策略

3.1 产品特征

产品或服务种类	功能	特色
例如：管家婆软件	*进货管理、销售管理、存货管理、商品账、资金账、往来账、收入账、查询与分析等功能*	*实用——将钱流账与物流账结合在一起，即时反映企业的财务状况和进销存状况* *易用——傻瓜化操作更符合企业日常业务处理习惯，实现全面查询和分析库存、资金往来、费用、收入、成本等。每笔业务后，都能够自动生成当前的盈亏表、资产负债表，清晰明了*
产品一		
产品二		
产品三		
产品四		

3.2　产品定价

产品或服务	单位	单位成本	同类产品市场零售单价	产品单价
产品一				
产品二				
产品三				
产品四				

注：产品单价一栏，如果一年当中产品售价有变化或者多种产品属于同类产品，可按照产品均价计算。

3.3　销售渠道

1. 经营地址	面积	费用或成本（元/月）	选择该地址的主要原因
2. 销售渠道	□面向最终消费者　□通过零售商　□通过批发商　（打√选择）		
选择该销售方式的原因			
与主要批发/零售商合作方式			

3.4　宣传推广

推广方式	主要内容	推广费用
广告媒体	*选择媒体：报纸、杂志、电台、电视、直邮、网络等*	
会展推广	*选择适合推广产品服务的会议和展览会*	
公关活动	*引起客户注意的文章、被电台或电视台采访的机会、研讨会、媒体新闻稿*	
网络推广	*网站推广、网络品牌、信息发布、在线调研、顾客关系、顾客服务、销售渠道、销售*	
促销活动	*降价、打折、试用、赠送、展销等活动方式*	
数据库营销	*企业通过收集和积累会员（用户或消费者）信息，经过分析筛选后针对性地使用电子邮件、短信、电话、信件等方式进行客户深度挖掘与关系维护*	
共　计		

4.0 人员与组织结构

4.1 组织结构

人员与组织架构图

4.2 团队成员

姓名	年龄	职务	最高学历及专业	主要工作经历	优势专长 *（请说明与经营项目相关的经验与专长）*

–5–

4.3　部门/岗位职责

部门/岗位	负责人	职　责
总经理		
总经理助理		
________部		
________部		
________部		
________部		

5.0　财务分析报告

5.1　固定资产：生产经营所需设备、工具和办公家具

项目	原值（元）	月折旧率（%）	月折旧金额（元）	备　注
生产工具和设备				
办公家具				
电子设备				计算机、打印机、复印机、传真机、电话机等
交通工具				汽车
店铺/厂房				租房，此项空白
合计	—	—		
备注	折旧率标准参考《企业所得税法实施条例》 月折旧率 = 1/折旧年数/12			

5.2　原材料/商品采购成本（月）

名称	数量	单价（元）	金额（元）
一			
二			
三			
四			
合计			

–6–

5.3 销售与管理费用预测（月）

类别	科目	金额
销售费用	宣传推广费用	
管理费用	场地租金	
	员工薪酬	
	办公用品及耗材	
	水、电、交通差旅费	
	其他	
财务费用	利息	

5.4 启动资金需求

类别/项目		金额（元）	备注 （对主要费用及其他重要事项说明）
固定资产购置合计			
开办费	工商注册、税务登记费		
	市场调查费、差旅费、咨询费		
	各种许可证审批费用		
	支付连锁加盟费用		
	其他费用		*例如：培训费、资料费、购买无形资产费用*
	合计		
流动资金	原材料/商品采购		
	场地租金		
	员工薪酬		
	办公用品及耗材		
	水、电、交通差旅费		
	其他费用		
	合计		
启动资金总计			

-7-

5.5　启动资金来源

筹资渠道	资金提供方	金额（万元）	占投资总额比例
自有资金	股东		%
私人拆借	亲属、朋友		%
银行贷款	银行		%
政府小额贷款	政府相关部门		%
总计	—		%

6.0　利润预测（月）

项　　目		本期金额（元）
一、主营业务收入		
加：其他收入		
减：主营业务成本	生产/采购成本	
营业税金及附加（按 5.5% 计算）		
变动销售费用	销售提成	
边际贡献率（%）＝（主营业务收入－主营业务成本－营业税金－销售提成）/主营业务收入		
固定销售费用	宣传推广费	
管理费用	场地租金	
	员工薪酬	
	办公用品及耗材	
	水、电、交通差旅费	
	固定资产折旧	
	其他管理费用	
财务费用	利息支出	
二、利润总额		
减：所得税费用（按 25% 计算）		
三、净利润		
备注：员工薪酬包括企业主薪酬和职工薪酬，本计划书所提到的员工薪酬都符合该条件		

－8－

7.0 风险分析与对策

创业风险	分析	对策
行业风险	*行业的生命周期、行业的波动性、行业的集中程度*	
政策风险	*因国家宏观政策（如货币政策、财政政策、行业政策、地区发展政策等）发生变化，导致市场价格波动而产生风险*	
市场风险	*市场风险涉及的因素有：市场需求量、市场接受时间、市场价格、市场战略等*	
技术风险	*企业产品创新过程中，技术成功的不确定性、技术前景的不确定性、技术效果的不确定性、技术寿命的不确定性*	
资金风险	*资金风险主要有两类，一是缺少创业资金风险，二是融资成本风险*	
管理风险	*企业经营过程中的风险，如管理者素质风险、决策风险、组织风险、人才风险等*	
环境风险	*社会、政治、政策、法律环境变化或由于意外灾害发生而造成失败的可能性*	
其他风险		

注：只需要填写本企业涉及的风险。

8.0 企业的愿景

企业及其内部全体员工共同追求的企业发展愿望和长远目标的情景式描述，对企业发展具有导向功能，对员工具有激励与凝聚作用

–9–

9.0　附录

9.1　附表1

经营第一年利润表

单位：元

项　目		1月	2月	3月	4月	5月	6月	7月	8月	9月	10月	11月	12月	合计
产品一	平均售价													
	销售数量													
	月销售额													
产品二	平均售价													
	销售数量													
	月销售额													
产品三	平均售价													
	销售数量													
	月销售额													
产品四	平均售价													
	销售数量													
	月销售额													
一、主营业务收入														
加：其他收入														
减：主营业务成本	生产/采购成本													
营业税金及附加（按5.5%计算）														
管理费用	场地租金													
	员工薪酬													
	办公用品及耗材													
	水、电、交通差旅费													
	固定资产折旧													
	其他费用													
财务费用	利息支出													
二、利润总额														
减：所得税费用（按25%计算）														
三、净利润														

–10–

9.2 附表2

第一年度的现金流量表　　单位：元

		1月	2月	3月	4月	5月	6月	7月	8月	9月	10月	11月	12月	总计
月初现金														—
现金流入	现金销售收入													
	应收款收入													
	股东投入现金													
	借贷收入													
	其他现金收入													
现金流入小计														
现金流出	生产/采购													
	销售提成													
	销售推广													
	税金													
	场地租金													
	员工薪酬													
	办公用品及耗材													
	水、电、交通差旅费													
	固定资产													
	借贷还款支出													
	其他支出													
现金流出小计														
净现金流量														—
月底现金余额														—
备注	净现金流量是指一定时期内，现金及现金等价物的流入（收入）减去流出（支出）的余额（净收入或净支出），反映了企业本期内净增加或净减少的现金													

-11-

9.3　《创业/商业计划书》评估表

<table>
<tr><td>模拟公司名称</td><td></td></tr>
<tr><td>实训师
评估</td><td>评估意见：

实训师签字________
日期________</td></tr>
</table>

第5部分

理论知识考试模拟试卷及答案

创业能力（专项职业能力）理论知识试卷

注 意 事 项

1. 考试时间：90 min。
2. 请首先按要求在试卷的标封处填写您的姓名、准考证号和所在单位的名称。
3. 请仔细阅读各种题目的回答要求，在规定的位置填写您的答案。
4. 不要在试卷上乱写乱画，不要在标封区填写无关的内容。

	一	二	总 分
得 分			

得分	
评分人	

一、判断题（第1～100题。将判断结果填入括号中。正确的填“√”，错误的填“×”。每题0.5分，满分50分）

1. 创业者是创业精神的承载者，创业精神是在各类社会中刺激经济增长和创造就业机会的一个补充因素。（ ）

2. 创业不仅仅是一种行动，实现创业的理想更重要的是思想。（ ）

3. 创业不仅仅是一种思想，实现创业的理想更重要的是行动。（ ）

4. 准备创业方案是一个展望项目的未来前景，细致探索其中的合理思路，确认实施项目所需的各种必要资源，并践行的过程。（　）

5. 准备创业方案是一个展望项目的未来前景，细致探索其中的合理思路，确认实施项目所需的各种必要资源，再寻求所需支持的过程。（　）

6. 创业行动规划就是对创业计划的行动安排，是需要落实的各个步骤的完善。（　）

7. 根据大学生创业环境调查结论，可以看出在影响创业成功的因素中，创业的观点基本一致。“资金”“人脉关系”“市场环境”和“社会阅历”，被认为是影响创业最主要的主观因素。（　）

8. 人文环境是创业活动中人类活动产生的周围环境，是人为的、社会的、非自然的，也是社会本体中的有形环境。（　）

9. 人文环境是创业活动中人类活动产生的周围环境，是人为的、社会的、非自然的，也是社会本体中隐藏的无形环境，是潜移默化的。（　）

10. 分析经济形势是国家政府层面上的工作，对于企业和社会普通公众而言，了解结果远比掌握方法重要。（　）

11. 创业设计的前提是：知道对手的优势是什么，并将自己的生活、工作和事业发展都建立在这个优势之上。（　）

12. 劣势分析就是要指出自身的劣势和最喜欢做的事情。（　）

13. 在SWOT分析中，劣势分析就是要找到自己的短处，提高技能，放弃不擅长的又对技能要求很高的职业。（　）

14. 机遇分析指的是环境为每个人提供了活动的空间、发展的条件和成功的机遇。（　）

15. 营销调研系统等同于营销信息系统。（　）

16. 营销分析系统也称科学管理系统。（　）

17. 新产品销售预测模型是营销调研系统。（　）

18. 市场营销调研是帮助企业生产管理者制订生产计划决策的。（　）

19. 市场营销调研主要就是广告调研和产品调研。（　）

20. 描述性调研用于探询企业所要研究的问题的一般性质。（　）

21．描述性调研可以说明某些现象或变量之间相互关联。（ ）

22．市场营销调研有一个固定的程序可循。（ ）

23．政府采购的特点之一是经常要求供应商竞价投标。（ ）

24．政府采购由于产品的各项特征已被严格设定，因而产品差异不是市场营销的可利用因素。（ ）

25．广告和人员推销也对政府采购起了很大影响。（ ）

26．消费品市场购买者众多，市场分散，成交次数频繁，购买数量很大。（ ）

27．消费者的购买行为具有很大程度的可诱导性。（ ）

28．选购品指消费者对其有特殊偏好并愿意花较多时间去购买的商品。（ ）

29．根据购买者对产品的了解程度、态度、使用情况及反应等，将他们划分成不同的群体，叫行为细分。（ ）

30．行为变数不能直接地反映消费者的需求差异。（ ）

31．细分消费者市场的标准，不适用于产业市场。（ ）

32．对于大客户，宜于直接联系，直接供应，在价格、信用等方面给予更多优惠。（ ）

33．产品的最终用途不同也是消费者市场细分标准之一。（ ）

34．企业可以将要求不相同的用户集合成群，并据此设计出不同的营销策略组合。（ ）

35．不同购买方式的采购程度不能用来细分生产者市场。（ ）

36．可以根据工业者购买方式细分市场。（ ）

37．构成产品内在特色的许多因素都可以作为市场定位所依据的原则。（ ）

38．一件仿皮皮衣与一件真正的水貂皮衣的市场定位一样。（ ）

39．曲奇饼干不能定位为礼品。（ ）

40．苏打水可以作为冬季流行性感冒患者的饮料。（ ）

41．沃尔沃车豪华气派。（ ）

42．产品提供给顾客的利益是顾客最能切实体验到的，但不能用作定位的依据。（ ）

43. 许多企业进行市场定位依据的原则往往只有一个。（ ）

44. 对企业各项财产物资进行清查盘点，可以保证会计报表反映的财务信息客观准确。（ ）

45. 借贷记账法的记账规则是“有借必有贷，借贷必相等”。（ ）

46. 借贷记账法下“借”表示资产、成本减少，负债、所有者权益增加。（ ）

47. 企业接受股东固定资产投资时，应该借方登记“固定资产”账户，贷方登记“实收资本”账户。（ ）

48. 固定资产发生价值损耗，但实物仍然存在，应该贷记“固定资产”账户。（ ）

49. 反映企业会计期末财务状况的是利润表。（ ）

50. 资产负债表中短期借款项目可以直接根据“短期借款”账户的余额填列。（ ）

51. 利润表是反映企业一定期间资金变化情况的会计报表。（ ）

52. 利润表中，主营业务收入项目可以根据相关账户当期发生额分析填列。（ ）

53. 管理缺口是指创业者并不一定是出色的企业家，不一定具备出色的管理才能。（ ）

54. 研究缺口是指创业者并不一定是出色的企业家，不一定具备出色的管理才能。（ ）

55. 创业风险的存在是客观存在的，是不以人的意志为转移的。（ ）

56. 客观存在性否认创业风险的存在也有主观的一面。（ ）

57. 影响创业的各种因素是不断变化可以预知的，这种可以预知就造成了创业风险的不确定性。（ ）

58. 影响创业的各种因素是不断变化难以预知的，这种难以预知就造成了创业风险的不确定性。（ ）

59. 创业的过程往往是将某一构想或技术转化为具体的产品或服务的过程。（ ）

60. 创业风险对技术进步和高新技术产业的发展壮大没有作用。（ ）

61. 创业风险的相关性是指创业者面临的风险与其创业行为及决策是紧密相连的。（ ）

62. 潜在的事项，对企业只有负面影响。（ ）

63. 事项识别是指识别影响事件的内外部因素。（　）

64. 评估风险指的是使企业了解潜在事项对企业的正面影响和负面影响以及如何影响企业目标的实现等。（　）

65. 评估风险的方法通常是定性分析技术和定量分析技术的组合。（　）

66. 一般说来，风险的应对可分为规避风险、减少风险和接受风险。（　）

67. 一般说来，应对风险应根据不同风险来制定不同方案，并在风险容忍度和成本效益原则的前提下，考虑每个方案如何影响事件发生的可能性和事项对企业的影响，并设计和执行风险应对方案。（　）

68. 在商务公关活动中，遇到一些不符合自己价值观的东西时，应该坚持自己的意见和想法，即使会冒犯他人。（　）

69. 只有宽容、不拘小节的领导者才能带领企业最终走向成功。（　）

70. 良好的形象对企业更好地开展业务没有多大影响。（　）

71. 领导者应该注意自己的衣着打扮和在公众面前的仪表仪态。（　）

72. 沟通能促进交流，可以有效避免很多不必要的问题，只有相互沟通，将问题提出来共同探讨，才能找到最好的解决方法，最大限度地减少企业的损失。（　）

73. 好的沟通技巧及说服力对创业咨询师没有什么用处。（　）

74. 在商务公关活动中，只有把握好“度”，才能最大限度为企业赢取利益。（　）

75.《吕氏春秋·博志》提到：“全则必缺，极则必反”讲的不是适度的道理。（　）

76. 随着社会的发展，握手礼逐渐演化为现代社会的握手形式。（　）

77. 谈判时进行自我介绍环节，位高者先行介绍。（　）

78. 在称呼他人时，切记礼貌用语，这是双方正式交流的开端，一定要礼貌用语，表示敬意。使用称呼时，要注意先长后幼，先上后下，先女后男，先疏后亲。（　）

79. 宴会已成为中国传统文化的一部分。（　）

80. 宴会不仅仅是一种招待形式，更是一种艺术。（　）

81. 宴会按其规格分为国宴、正式宴会、便宴、家宴等。（　）

82. 创业团队角色结构是指创业个体在创业企业担负的不同角色而在创业团队中所呈现

的结构形式。（　　）

83. 创业团队角色结构中角色结构的完整性、明确性和对位性是创业团队角色结构影响创业团队绩效的 3 个重要特性。（　　）

84. 创业团队技能结构是指创业团队中各成员的不同技能禀赋所构成的结构。（　　）

85. 技能结构的完整性、异质性和角色对位性是创业团队技能结构影响创业团队绩效的重要特性。（　　）

86. 权力分配的准则是依据能力而不是“兼顾公平”。（　　）

87. 危机已经成为一种自然现象，不再是今日社会异常的、罕见的、任意的或者外围的特征，危机根植于今日社会的经纬之中。（　　）

88. 企业外部危机范畴是企业经营管理不善引发的危机事件或状态，可以分为单一危机范畴、综合危机范畴。（　　）

89. 企业内部危机范畴是企业经营管理不善引发的危机事件或状态，可以分为单一危机范畴、综合危机范畴。（　　）

90. 周密和完善的危机预防和危机处理措施可以使企业防患于未然，将危机爆发的可能性降低到最低限度或将其消灭在萌芽状态。（　　）

91. 应尽可能多地设定未来所占的市场份额，以获得投资者的青睐。（　　）

92. 商业模式就是区分企业是提供服务还是销售商品。（　　）

93. 企业战略应制订各阶段的发展计划和市场目标。（　　）

94. 有效的营销策略能够保持和提高市场占有率。（　　）

95. 定价必须比竞争对手低，薄利才能多销。（　　）

96. 创业计划书的经营管理部分应介绍生产运营或服务流程。（　　）

97. 对于场地，大型设备企业一般应考虑购买而非租赁。（　　）

98. 只要项目本身好，团队经验少一点也一定能做好。（　　）

99. 上海地区应届大学毕业生创业可享受免费风险评估、免费政策培训、无偿贷款担保及部分税费减免 4 项优惠政策。（　　）

100. “天使基金”支持金额将以股权形式投入到学生企业中，获利部分将成为创业者的利润，而一旦创业失败也无须学生还款。

得分	
评分人	

二、单项选择题（第1～100题。选择一个正确的答案，将相应的字母填入题内的括号中。每题0.5分，满分50分）

1. 创业目标的内容一般包括3个层次：第三层次是预测创业的结果，也就是要（　　）

A. 确定创业选择的行业项目

B. 确定创业干什么

C. 确定创业的方法，也就是创业准备怎么干

D. 明确创业要达到的预期结果

2. 确定创业要努力达到的（　　）是确定创业目标的关键，也是创业实践的归宿。

A. 行业要求　B. 行业标准　C. 资金需求　D. 预期结果

3. 文化趋势与产品的选择及市场定位（　　）。

A. 紧密相关　B. 相互区别　C. 毫无关系　D. 随机相关

4. 对竞争者的分析，其目的是准确判断（　　）的战略定位和发展方向。

A. 竞争对手　B. 潜在顾客　C. 消费者　D. 合作伙伴

5. 通过销售预测，能了解（　　）的新动向。

A. 生产设备　B. 消费者需求　C. 研发产品　D. 媒体公众

6. 从（　　）增加或减少的预测中，可以判断市场需求、市场竞争和企业经营发展状况。

A. 市场顾客　B. 市场占有率　C. 市场供应　D. 市场竞争

7. 企业所需资源的预测是便于企业根据自身能力，合进地进行（　　）。

A. 销售布局　B. 生产布局　C. 营销布局　D. 顾客布局

8. （　　）的目的是为企业制定相应的营销策略提供依据。

A. 长期预测　B. 定性预测　C. 总体预测　D. 具体预测

9. 市场预测的期限并无统一的（　　）。

A. 标准　B. 依据　C. 原因　D. 规定

10. 根据消费者对商品的品牌忠诚程度细分市场，属于按（　　）的标准进行市场细分。

A. 行为因素　B. 心理因素　C. 经济因素　D. 人口因素

11. 企业需要根据（　　）的大小来细分市场，并根据用户的规模不同，采用不同的营销组合策略。

A. 用户利润　B. 用户资金　C. 用户规模　D. 用户员工

12. 工业品用户购买产品，一般都是供（　　）之用，对所购产品通常都有特定的要求。

A. 再细分　B. 再加工　C. 再消费　D. 再经营

13. 不同的购买方式的采购程度、决策过程（　　）。

A. 相同　B. 不相同　C. 相似　D. 相等

14. 企业进入某一市场是期望能够（　　）。

A. 有义务　B. 有社会责任　C. 有技术　D. 有利可图

15. 企业应尽量选择竞争对手（　　）的市场作为目标市场。

A. 比较弱　B. 比较强

C. 很强　D. 以上选项都不正确

16. 利润总额等于营业利润加上营业外收入减去（　　）。

A. 投资损失　B. 意外损失　C. 期间费用　D. 营业外支出

17. 企业会计报表阅读者，对审计报告的依赖性较低的是（　　）。

A. 股东　B. 贷款银行　C. 经营者　D. 客户

18. 资本结构分析的核心问题是（　　）。

A. 财务风险　B. 杠杆利益　C. 负债率　D. 赢利

19. 创业风险按创业过程划分为机会的识别与评估风险、准备与撰写创业计划风险、确定并获取创业资源风险和（　　）。

A. 创业管理风险　B. 创业市场风险

C. 创业财务风险　D. 新创企业管理风险

20. 创业风险按创业与市场和技术的关系划分为改良型风险、（　　）、跨越型风险和激进型风险。

A. 收益性风险　　B. 创新型风险　　C. 杠杆型风险　　D. 技术性风险

21. 创业风险按创业中技术因素、（　　）因素与管理因素的关系划分为技术风险、市场风险和代理风险。

A. 生产　　B. 经济　　C. 环境　　D. 市场

22. 创业技术风险是指由于（　　）的不确定性而导致创业失败的可能性。

A. 技术　　B. 市场　　C. 经济　　D. 政策

23. 创业（　　）是指在创业的市场实现环节，由于市场的不确定性而由此导致创业失败的可能性。

A. 技术风险　　B. 管理风险　　C. 代理风险　　D. 市场风险

24. 创业管理风险由创业者素质、（　　）、组织风险这 3 个因素决定。

A. 管理者素质　　B. 决策风险　　C. 投资者素质　　D. 经营者素质

25. 创业财务风险是指因（　　）不能适时供应而导致创业失败的可能性。

A. 资金　　B. 技术　　C. 产品　　D. 材料

26. 只有创业者塑造良好的企业形象，注重（　　），才能赢得外部公众认可。

A. 公关仪式　　B. 自身利益　　C. 容貌　　D. 公关礼节

27. 公关仪式或仪典是一种具有固定性质的（　　）。

A. 礼仪　　B. 礼貌、礼节　　C. 仪式　　D. 程序

28. 平等原则，就是在商务公关活动中，没有企业的大小、尊卑、（　　）之分，一视同仁，生而平等。

A. 地位　　B. 贫富　　C. 国际化　　D. 贵贱

29. 通过尊重他人而赢得他人的尊重，进而取得无限的商机，需要遵守商务公关利益原则中的（　　）。

A. 尊重原则　　B. 平等原则　　C. 宽容原则　　D. 适度原则

30. 商鞅下令在都城南门外立一根三丈长的木头，并当众许下诺言：谁能把这根木头搬到北门，赏金十两。这一行为说明了商务公关礼仪基本原则中的（　　）。

A. 诚信原则　　B. 平等原则　　C. 适度原则　　D. 自尊原则

31. 在谈判过程使用称呼时，下列顺序错误的是（　　）。

A. 先长后幼　　B. 先上后下　　C. 先男后女　　D. 先疏后亲

32. 从种种历史记载中，不难看出宴会礼仪在中国文化中不仅是一种招待形式，更是一种（　　）。

A. 艺术　　B. 形式　　C. 程序　　D. 过程

33. （　　）不是宴请的形式。

A. 宴会　　B. 家庭聚会　　C. 茶会　　D. 工作聚会

34. 进餐时，如果服务员递上一条湿毛巾，应（　　）。

A. 随意丢失一边　　B. 擦拭后丢在一边

C. 接过后放好　　D. 接下擦拭双手，随后搁置桌沿上

35. 下列说法正确的是（　　）。

A. 成熟期创业团队内部的规则、价值、行为、方法、工具均已建立

B. 成熟期团队整体工作效能提高，但尚未形成自己的身份识别

C. 成熟期团队内部成员尚未开始调适自己的行为

D. 成熟期团队市场占有不稳定，运营风险依然很高

36. 衰退期创业团队原有的经营业务和产品由于（　　）的加剧而下降，利润缩减。

A. 自然因素　　B. 自身管理不善　　C. 对手挤兑　　D. 市场竞争

37. 蜕变期的创业团队共有（　　）个结果。

A. 1　　B. 2　　C. 3　　D. 4

38. 关于领导的权变理论，下列说法错误的是（　　）。

A. 环境变化时，领导风格也应发生相应的变化

B. 权变理论主要有 4 种

C. 费德勒权变模型的主要观点是：首先确定领导风格，然后对情境进行评估，最后对领导者与情境进行匹配

D. 权变理论学者们针对前两种理论研究的不足，在研究领导与绩效的关系时把情境因素考虑在内，因此获得了较为广泛的认可

39. 危机具有（　　）的特点，一方面包含着风险，一方面包含着机遇。

A. 突发性、紧迫性

B. 舆论关注性、破坏性和普遍性

C. 人员流动

D. 突发性、紧迫性；舆论关注性、破坏性和普遍性

40. 通常，外部危机范畴表现形式单一，但容易引发关联危机。为了利于对外部危机有清楚的认识，特将其范畴划分为（　　）。

A. 自然危机、政治危机、金融危机　　B. 疫情危机、安全危机

C. 能源危机、特异危机　　D. 以上各项都正确

41.（　　）就是危机处置的精髓。

A. 要依靠员工集体力量，集思广益

B. 发现、培育以便收获这个潜在的成功机会

C. 注意跳出既定思维模式束缚

D. 注意对企业不利因素及时研究对策

42. 对创业计划书的附录，以下描述错误的是（　　）。

A. 附录是对正文中涉及的相关数据、资料的补充

B. 附录的内容应尽可能少，以防止商业机密泄露

C. 附录可以提供一些相关的图片

D. 附录为阅读者提供了备查的信息

43. 执行总结的内容一般不包括（　　）。

A. 项目概述　　B. 竞争分析　　C. 融资计划　　D. 财务报表分析

44. 在创业计划书项目背景部分中，以下描述错误的是（　　）。

A. 应该选择未来有良好发展前景的朝阳产业

B. 可以最新的权威统计分析数据作为分析的依据

C. 应避免使用大量的、晦涩的专业术语

D. 重点描述所提供的产品、技术或服务的定价依据

45. 在创业计划书中的市场调查和分析部分中，以下描述错误的是（　　）。

A. 市场调研和分析是创业计划书的根基

B. 如果缺乏细致的市场调研，只会影响销售预测

C. 明确自己的竞争优势，同时还应提出保持优势的方法

D. 有时竞争者可能成为合作者

46. 以下描述正确的是（　　）。

A. 商业模式不同于盈利模式

B. 商业模式就是区分企业是提供服务还是销售商品

C. 企业战略应考虑各阶段的发展计划与市场目标

D. 企业的研发方向作为商业机密不应出现在创业计划书中

47. 建设上海创业者公共实训基地创业实训平台，2014 年底创业见习基地规模力争达到（　　）个，每年参与见习学员不少于 1 000 人，通过创业实训提高创业培训的实效性，提升创业者的创业能力。

A. 100　　B. 500　　C. 800　　D. 1 000

48. 大学生开办企业可获创业“天使基金”最高（　　）万支持。

A. 5　　B. 10　　C. 30　　D. 50

49. 上海市扶持创业场地房租补贴申请人应是创业组织的法定代表人或负责人，且须是具有本市户籍的劳动者或毕业后（　　）年以内的本市高校非上海生源毕业生。

A. 1　　B. 2　　C. 3　　D. 5

50. 对小额贷款公司发放的小额贷款给予利息补贴条件，劳动密集型小企业必须招用本市失业、协保人员和农村富余劳动力的人数占在职职工人数的（　　）及以上。

A. 15%　　B. 30%　　C. 50%　　D. 100%

51. 上海市扶持创业社会保险费补贴标准按上年本市职工月平均工资（　　）作为基数计算的养老、医疗、失业、工伤和生育保险费，但以当月为补贴对象实际缴纳的社会保险费金额为限。

A. 30%　　B. 40%　　C. 50%　　D. 60%

52. 市场预测必须做到（　　）。

A. 全面　　B. 无的放矢　　C. 有的放矢　　D. 前面

53. 确定预测的方法，必须根据预测的目的，还需根据企业的（　　）以及企业可以获得的资料。

A. 人力和技术　B. 设备和人力　C. 技术和财力　D. 人力和财力

54. （　　）是市场预测的一个重要的阶段。

A. 收集市场资料　B. 收集人员资料　C. 收集现在资料　D. 收集过去资料

55. 为老产品找到一种新用途，是为该产品创造（　　）的好方法。

A. 新的市场细分　B. 新的目标市场　C. 新的市场定位　D. 新的销售方法

56. 产品提供给顾客的（　　）是顾客最能切实体验到的，也可以用作定位的依据。

A. 利润　B. 利益　C. 形象　D. 服务

57. 创业风险按创业风险的内容划分为（　　）、市场风险、政治风险、管理风险、生产风险和经济风险。

A. 安全性风险　B. 收益性风险

C. 技术风险　D. 主观和客观风险

58. 创业风险按风险对所投入资金（即创业投资）的影响程度划分为安全性风险、收益性风险和（　　）。

A. 改良性风险　B. 经济性风险　C. 流动性风险　D. 杠杆性风险

59. 创业（　　）是指因创业企业成长带来的风险。

A. 管理风险　B. 财务风险　C. 成长风险　D. 环境风险

60. 创业环境风险是指由于所处的（　　）、政策、法律环境变化或由于意外灾害发生而造成创业失败的可能性。

A. 个人环境　B. 家庭环境　C. 社会环境　D. 企业环境

61. （　　）是生产要素中最主要、最活跃的因素，也是创业企业最宝贵的财富和最稀缺的资源。

A. 人力资源　B. 财产资源　C. 关系资源　D. 社会资源

62. 创业过程中的各种风险损失会加大企业的（　　）负担。

A. 人力资源　B. 场地条件　C. 财务经营　D. 市场营销

63. 交谈的过程中，交谈者应该配合（　　）做到发音尽量标准，避免交谈过程中产生的歧义。

A. 清晰的语音　B. 合适的手势

C．恰当的面部表情　　D．适当的眼神交流

64．在交谈过程中，因为不同（　　），因此要针对不同交谈者选择不同的交谈话题。

A．单位的公司文化不同　　B．人的性格不同

C．文化的地区谈论的对象不一　　D．以上各项都正确

65．聆听是有效的交谈中（　　）的过程。

A．锦上添花　　B．可有可无　　C．必不可少　　D．单方向

66．此外，交谈过程中还应注意礼貌交谈，既要用语礼貌，又要注意（　　）。

A．经常打断对方的发言，发表自己的见解

B．不随意打断或插入别人的发言

C．只要安静地聆听对方的言论，不要说话

D．随意地表达自己的意见

67．以下选项中不正确的是（　　）。

A．会议进行期间，与会者应认真倾听报告或他人发言。择要做好记录，对深入体会和准确传达会议精神有很大帮助

B．在会议进行中，出席者要发言时，应先举手，这是发言的礼貌

C．在大型会议上发言，要准备充分，态度谦虚，发言开始时要向观众欠身致意。发言内容要求做到中心突出，材料翔实，感情真实。别人发言时不要打岔

D．不同的会议种类性质不同，与会期间的会议礼仪可以根据当时的情况适当地随意一些

68．在会前会务工作的流程中，以下应该最先完成的是（　　）。

A．会议经费预决算　　B．确定会议名称

C．确定会议主题和议题　　D．确定会议规模与规格

69．主持会议或在会议中发言主要是注意（　　）的礼仪，言语简明扼要，用词恰到好处。

A．仪表　　B．言辞　　C．举止　　D．守时

70．作为受邀方，要懂得参加展览会的礼仪，主要有（　　）。

A．树立企业整体形象　　B．讲究礼节礼貌

C. 运用解说技巧　　　　　　　　　　D. 前三项均包括

71. 在团队决策过程中，（　　）显得尤为重要。

A. 统一所有人的意见　　　　　　　　B. 采取正确方式

C. 找到一个好的核心　　　　　　　　D. 培养不同意见

72. 对应“领导放弃权力、团队领导退出、有意避免与队员交流”情况的解决方案是（　　）。

A. 确定行动计划；审查工作完成情况，鼓励队员负责

B. 明确定义团队所面临的问题；强调各种观点和意见的相似点，求同存异；确保有足够的讨论时间；推动团队合作解决问题，发掘新方案，直到达成一致

C. 确保有一个长期的观念和高度的领导连续性；团队领导变更时，要确定新来者是否得到大多数团队成员的认可

D. 必须根据团队的成熟度正确使用权力；团队出错误，一起反省，不要指责任何人或滥用职权

73. 制定营销策略时，以下描述正确的是（　　）。

A. 应从企业的角度设计产品或服务　　B. 定价必须比竞争对手低

C. 尽可能地自建销售渠道　　　　　　D. 促销应考虑预期的效果以及成本

74. 初创型企业考虑企业选址时，以下描述不正确的是（　　）。

A. 应考虑租金成本

B. 应方便接触客户和供应商

C. 办公场所尽可能选择交通便捷的市中心

D. 应选择有税收减免等优惠政策的园区

75. 以下描述正确的是（　　）。

A. 企业组织架构设计应力求规范完整

B. 领先的技术能完全弥补团队经验的不足

C. 描述团队成员的背景时必须详尽无遗漏

D. 团队的构成应考虑能力性格等方面的互补

76. 劣势分析中对经验或经历中所欠缺的方面，正确的态度是（　　）。

A．回避不足，避免失败　B．认真对待，善于发现，努力克服和提高

C．努力克服和提高　D．B和C都正确

77．机遇分析则指的是环境为每个人提供了（　）。

A．活动的空间　B．发展的条件

C．成功的机遇　D．以上各项都正确

78．时间序列预测法就是根据时间序列所反映的发展过程、方向和趋势，加以（　）来预测下一时间周期所能达到的水平。

A．外推或延伸　B．内推或延伸　C．外推或收缩　D．内推或收缩

79．从购买的角度看，（　）是产业市场购买行为的特点。

A．直接采购　B．购买者的非专业性

C．批量小　D．需求的弹性大

80．企业内部的人事关系的因素称为（　）。

A．人际因素　B．个人因素　C．组织因素　D．环境因素

81．在收到多个供应商的有关资料后，采购者将根据资料选择（　）的供应商。

A．比较满意　B．最优　C．最好　D．最便宜

82．政府采购的一个特点是经常要求供应商（　）。

A．保证质量　B．竞价投标　C．保证服务　D．拍卖

83．营销分析系统是帮助营销管理人员分析（　）市场营销问题。

A．现在的　B．简单的　C．复杂的　D．过去的

84．市场营销调研的内容不包括（　）。

A．市场需求　B．商标申请　C．分销调研　D．价格调研

86．根据使用者类型定位就是将其产品指向某一类特定的（　）。

A．员工　B．生产者　C．营销者　D．使用者

86．能够迅速地在市场上站稳脚跟，并在消费者心中尽快树立起一定形象是（　）的优点。

A．迎头定位　B．重新定位　C．避强定位　D．质量定位

87．（　）是一种更能激发自己奋发向上的定位尝试，一旦成功就能取得巨大的市场

份额。

A. 迎头定位　　B. 重新定位　　C. 避强定位　　D. 质量定位

88. 本企业原来的市场占有率下降，或者由于顾客需求偏好发生转移，企业就需要对其产品进行（　　）

A. 迎头定位　　B. 重新定位　　C. 避强定位　　D. 质量定位

89. 诸如化妆品、香烟、啤酒，保险之类的产品，有些企业以（　　）特征为基础进行市场细分并取得了成功。

A. 社会阶层　　B. 个性　　C. 生活方式　　D. 追求利益

90. 某些细分市场虽然有较大吸引力，但无法完成企业主要目标，这样的市场应考虑（　　）。

A. 坚持　　B. 进入　　C. 放弃　　D. 加强

91. 将产品的整个市场视为一个目标市场，用单一的营销策略开拓市场是（　　）。

A. 集中性目标市场策略　　B. 聚焦战略

C. 无差异性目标市场策略　　D. 总成本领先战略

92. 同一风险事件对不同的创业者会产生不同的风险，同一创业者由于其决策或采取的策略不同，会面临不同的风险结果。这说明了创业风险和创业者本身具有（　　）的特征。

A. 客观性　　B. 相关性　　C. 因果性　　D. 主观性

93. 创业风险的（　　）是指当创业的内部与外部条件发生变化时，必然会引起的创业风险变化。

A. 可测性　　B. 不确定性　　C. 可变性　　D. 相关性

94. 创业风险的（　　）是指创业风险的实际结果常常会出现偏离误差范围的状况。

A. 不确定性　　B. 测不准性　　C. 可测性　　D. 可变性

95. 创业风险按风险（　　）的主客观性划分为主观创业风险和客观创业风险。

A. 起因　　B. 过程　　C. 内容　　D. 来源

96. 企业在人力、（　　）、产品与市场上的竞争优势会带来企业发展所需要的收入，但是一个风险损失却可能使这些竞争优势全部丧失。

A. 机会　　B. 技术　　C. 营销　　D. 场地

97. 建立合理的风险管理体系，并在此基础上逐渐形成相应的（　　）体系，加快创业企业内部管理正规化的步伐，从而促进创业企业的健康成长。

A. 生产管理　　B. 职能管理　　C. 营销管理　　D. 客户管理

98. 媒体公关体现了现当代社会活动中的（　　）。

A. 双赢意识　　B. 高效意识　　C. 信息意识　　D. 科技意识

99. 公关礼貌不包括（　　）。

A. 正直守信　　B. 仪表端庄　　C. 请客吃饭　　D. 待人谦和

100. 在商务公关活动中，（　　）不仅显示了个人的大度，同时也是一个企业胸怀宽广的外显。

A. 姿态　　B. 宽容　　C. 形象　　D. 言谈

创业能力（专项职业能力）理论知识试卷答案

一、判断题（第 1 ~ 100 题。将判断结果填入括号中。正确的填“√”，错误的填“×”。每题 0.5 分，满分 50 分）

1. × 2. × 3. √ 4. × 5. √ 6. √ 7. × 8. ×
9. √ 10. × 11. × 12. × 13. √ 14. √ 15. × 16. ×
17. × 18. × 19. × 20. × 21. √ 22. × 23. √ 24. √
25. × 26. × 27. √ 28. × 29. √ 30. × 31. × 32. √
33. × 34. × 35. × 36. √ 37. √ 38. × 39. × 40. √
41. × 42. × 43. × 44. √ 45. √ 46. × 47. √ 48. ×
49. × 50. √ 51. × 52. √ 53. √ 54. × 55. √ 56. ×
57. × 58. √ 59. √ 60. × 61. √ 62. × 63. √ 64. √
65. √ 66. × 67. √ 68. × 69. √ 70. × 71. √ 72. √
73. × 74. √ 75. × 76. √ 77. × 78. √ 79. √ 80. √
81. √ 82. √ 83. √ 84. √ 85. √ 86. √ 87. √ 88. ×
89. √ 90. √ 91. × 92. × 93. √ 94. √ 95. × 96. √
97. × 98. × 99. √ 100. √

二、单项选择题（第 1 ~ 100 题。选择一个正确的答案，将相应的字母填入题内的括号中。每题 0.5 分，满分 50 分）

1. D 2. D 3. A 4. A 5. B 6. B 7. B 8. D 9. A
10. A 11. C 12. B 13. B 14. D 15. A 16. D 17. C 18. C
19. D 20. C 21. D 22. A 23. D 24. B 25. A 26. C 27. B
28. D 29. A 30. A 31. C 32. A 33. B 34. D 35. A 36. D
37. B 38. B 39. D 40. B 41. B 42. B 43. D 44. D 45. B
46. C 47. C 48. C 49. B 50. B 51. D 52. C 53. D 54. A

55. C 56. B 57. C 58. C 59. C 60. C 61. A 62. C 63. A
64. C 65. C 66. B 67. D 68. C 69. B 70. D 71. D 72. D
73. D 74. C 75. D 76. B 77. D 78. A 79. A 80. A 81. A
82. B 83. C 84. B 86. D 86. C 87. A 88. B 89. B 90. C
91. C 92. B 93. C 94. B 95. D 96. B 97. B 98. A 99. C
100. B